Catalogage avant publication de Bibliothèque et Archives nationales
du Québec et Bibliothèque et Archives Canada

Vedette principale au titre :

Pourquoi bloguer : dans un contexte d'affaires

(Collectif)
Comprend des réf. bibliogr.

1. Entreprises - Blogues.   2. Affaires - Blogues.   3. Marketing sur Internet.
4. Blogues.   I. Malaison, Claude, 1953-   .   II. Collection : Collection Collectif.
Français.

HD30.37.P68 2007   338.70285'4678   C2007-941895-3

Dépôts légaux
Bibliothèque nationale du Québec
Bibliothèque nationale du Canada
Imprimé au Canada

Diffusion en Amérique du Nord :
SOMABEC
C. P. 295, 2475, avenue Sylva-Clapin
Saint-Hyacinthe (Québec), Canada J2S 7B6
Téléphone : 450 774-8118/1 800 361-8118
http://www.somabec.qc.ca

Diffusion en Europe :
D.N.M.
30, rue Gay-Lussac
75005 Paris, France
Téléphone : 01.43.54.49.02
http://www.librairieduquebec.fr

Révision : Fanny Provençal
Conception graphique et mise en pages : Manon É. Léveillé

© Isabelle Quentin éditeur, 2007
http://iqe.qc.ca
ISBN : 978-2-922417-68-5

1 2 3 4 5 09 08 07

POURQUOI BLOGUER
DANS UN CONTEXTE D'AFFAIRES

sous la direction de Claude Malaison
préface de Jacques Nantel

COLLECTIF

Collection Collectif

La collection Collectif a pour objectif de réunir des textes d'auteurs autour d'une thématique particulière ou de publier des actes de colloques. Nous avons cherché à présenter plus qu'une succession de textes, en misant sur une présentation homogène et accessible de tous ces écrits.

Par la fluidité du propos, le lecteur pourra alors se forger une meilleure idée d'une situation complexe, à partir de différents éclairages, sans que sa lecture souffre de niveaux et d'interprétations trop éclatés. Vos commentaires et suggestions, comme pour nos autres collections, sont les bienvenus. N'hésitez pas à communiquer avec nous.

Isabelle Quentin éditeur
iquentin@sim.qc.ca
http://iqe.qc.ca

TABLE DES MATIÈRES

NOTES BIOGRAPHIQUES

Mario Asselin anime depuis cinq ans un blogue [www.marioasselin.com] où il est question d'apprentissage à l'aide des nouvelles technologies de l'information et des communications que sa condition de directeur d'établissement scolaire lui commandait d'apprivoiser. Il est engagé dans une quarantaine de projets au sein desquels les logiciels sociaux occupent une place centrale, sans être des fins en soi. Il croit davantage à l'école de demain qu'à celle d'hier, qui perd doucement son monopole du «faire apprendre» (si elle l'a déjà eu). Il est fasciné par les communautés d'apprentissage et les réseaux. Il est directeur général chez Opossum [www.opossum.ca], apprentissage et technologies. Il anime des fermes de blogues, jardine dans plusieurs wikis et ne rate jamais l'occasion de faire connaître aux Français, aux Américains et à ses concitoyens Canadiens les bienfaits de la conversation et de la collaboration pour apprendre.

Sylvain Carle est un expert en technologies émergentes. Il surfe sur la vague de l'innovation des médias et des applications en réseau depuis plus de 10 ans. Les outils sociaux de communication Internet, les services Web XML, les médias numériques et les logiciels libres / standards ouverts sont ses expertises principales. Il a à son actif plus de 50 projets Internet majeurs, dans des domaines allant de la formation en ligne aux sites transactionnels à haut volume ou aux applications de publications sociales (blogues et communautés). Il est présentement consultant en technologie et travaille avec plusieurs start-up montréalaises. Il a été vice-président technologique, architecte, chef de projet et cofondateur de plusieurs entreprises montréalaises au cours des 10 dernières années. Il écrit pour plusieurs lettres d'information électroniques et donne régulièrement des conférences plus formelles dans l'industrie. Il blogue depuis presque sept ans sur www.afroginthevalley.com.

Michel Leblanc, M. Sc. en commerce électronique, avec une spécialisation en gestion, est conférencier et consultant en marketing Internet, gestion et stratégies d'affaires électroniques. Il a été publié par le CIRANO, a écrit de nombreux articles de vulgarisation et est invité à titre d'expert par divers médias, dont LesAffaires.com. Il s'intéresse aux phénomènes blogues, Web 2.0 et marketing 2.0, à l'utilisation des nouvelles technologies dans un contexte d'affaires et aux mondes immersifs virtuels. Son blogue [www.michelleblanc.com] est l'un des plus influents au Québec. On y trouve des conseils stratégiques et des analyses, aussi bien pour des entreprises Fortune 500, que des PME ou des organisations gouvernementales ou associatives, au Québec et à l'étranger.

Martin Lessard est consultant indépendant spécialiste en stratégies de communication interactive pour Internet. Il est régulièrement appelé à donner des conférences traitant des dernières tendances sur le Web. Titulaire d'une maîtrise en multimédia de l'Université du Québec à Montréal en 1997, il travaille depuis 2000 avec de grandes agences de communication, comme Fjord marketing interactif + technologie et BBDO Montréal, à concevoir des campagnes Web pour des clients prestigieux comme Bell Canada, eBay, Budweiser, Labatt, Hydro-Québec et la Fédération des producteurs de lait du Québec (FPLQ). Il a d'ailleurs remporté de nombreux prix. Il fait partie des pionniers du Web québécois. Depuis 2004, son blogue, ZeroSeconde.com, qui traite des retombées d'Internet sur la communication, notre société et nos vies, compte parmi les 100 blogues les plus lus de la francophonie.

Claude Malaison est président-fondateur de l'Association des professionnels en intranet (API). Il est membre du Conseil de programme du Certificat en communication appliquée de l'Université de Montréal et chargé de cours en communication interne interactive au même endroit. Il donne également de nombreuses conférences publiques au Québec, en France et aux États-Unis, des conférences en entreprise et en milieu universitaire. Il a aussi participé au réseau de veille ConstellationW et codirige depuis 2004 des écrits collectifs (L'intranet dans tous ses états, L'intégration des 3Nets). Il a travaillé activement pendant sept ans à l'organisation de la conférence internationale INTRACOM (Québec, Paris) et collabore depuis 2006 à la programmation des Rendez-vous interactifs de webcom-Montréal. Depuis

2005, il est président d'ÉmergenceWeb, une société spécialisée en communication interactive et médias sociaux (Entreprise 2.0) [www.emergenceweb.com/blog].

Philippe Martin est formateur, rédacteur, conférencier et «accompagnateur» en matière de nouvelles technologies, que ce soit pour des PME, des institutions, des universités, des écoles, des partis politiques, des médias, des entrepreneurs ou des professionnels. Il est président de Paradigm@inc., une entreprise qui gère La Fabrique De Blogs, spécialisée dans la conception, le design, l'intégration de blogues, le conseil en communication et la stratégie d'optimisation des médias sociaux. Il est également le cofondateur de Yulbiz, un regroupement de blogueurs d'affaires qui vise à favoriser le réseautage et la pratique des blogues dans un contexte professionnel. Il écrit régulièrement dans le blogue N'ayez pas peur! qui tente de démystifier les nouvelles formes de publication et de communication par Internet. Enfin, en 2006, il crée le vidéoblogue Yulbuzz, qui diffuse sur une base régulière des entrevues et des reportages sous forme de balados (podcasts).

Martin Ouellette est un publicitaire. Chez BCP, il était le seul à avoir un ordi sur son bureau. Puis, chez Young & Rubicam, il remporte 20 prix nationaux et internationaux. Lorsqu'il devient directeur du groupe création chez Cossette, Martin possède déjà une adresse de courriel vieille de quatre ans alors que le Web tel qu'on le connaît ne fait qu'émerger. Après un passage en conception publicitaire, il fonde Provokat, la première agence de publicité numérique au Québec. Elle remporte depuis trois ans le Boomerang pour la campagne en ligne de l'année. Sur le blogue de Provokat, Martin ne se gène pas pour partager les bons coups de ses concurrents, discourir sur les tendances en matière de Web et écorcher sans retenue la publicité traditionnelle.

Tristan Péloquin est journaliste à La Presse depuis 2002. Il a écrit quantité d'articles traitant des nouvelles technologies, d'Internet et des jeux vidéo. Sa passion pour le cyberespace et les phénomènes sociaux qui s'y déroulent remonte à la lointaine époque des babillards électroniques (BBS). Pendant ses études universitaires, il rêvait de devenir webmestre, un métier alors peu connu; le hasard a finalement fait de lui un reporter pour la presse écrite. Après des années d'observation, il a fait le saut dans la blogosphère pendant la campagne électorale provinciale de 2007. Le blogue sur les nouvelles technologies qu'il anime depuis ce jour sur Cyberpresse.ca et Technaute.com est considéré comme une référence dans le milieu.

Marc Snyder dirige emm-ess consultants, une agence virtuelle spécialisée en communications d'entreprise, et a cofondé BlogExperts.ca, une agence-conseil qui répond aux besoins des entreprises, publiques et privées, des associations et des organisateurs d'événements qui souhaitent concevoir et animer un blogue. C'est en février 2004 qu'il a lancé le premier blogue en français portant sur les relations publiques et les communications [http://emm-ess.blohspot.com], ce qui en fait un des blogueurs les plus expérimentés dans le domaine au Canada. Actif depuis 15 ans, il offre des services de conseil stratégique en communication, en gestion de crise, en relations médias, en positionnement et image publique de marque, en marketing sociétal, etc.

Marie-Chantale Turgeon est une artiste, une conceptrice et une entrepreneure. Elle est reconnue comme étant une communicatrice et une analyste de tendances en ce qui a trait aux nouvelles technologies Web. Passionnée de technologie et de créativité, elle est régulièrement invitée à des événements liés aux technologies Web émergentes. Son blogue bilingue, Vu d'ici – Seen from here, ainsi que ses multiples projets lui ont valu plusieurs reconnaissances médiatiques au cours des dernières années. Son entreprise meïdia, un studio spécialisé dans les technologies Web émergentes, compte parmi ses clients Musique Plus, Astral Média Interactif, Bandeapart.fm, Le Cirque du Soleil, Ubisoft Montréal et le magazine P45 [meidia.ca], [mcturgeon.com/blog].

PRÉFACE
POURQUOI BLOGUER ?

Jacques Nantel, Ph. D.

En 1994, HEC Montréal fut la première institution canadienne à offrir un cours de commerce électronique. À cette époque, les mots Internet et Web existaient à peine. Amazon.com n'était même pas encore en ligne, et la plupart des étudiants se demandaient quel était l'intérêt de suivre un tel cours alors que moins de 6 % des ménages étaient branchés. Vous imaginez bien que l'on était encore loin du concept de blogue.

Néanmoins, ce qui nous fascinait, mon collègue Jean Talbot, avec qui je donnais ce cours, et moi, ce n'était pas tant la technologie du Web que ce qu'elle était pour avoir comme impact sur les modes de fonctionnement des organisations. Déjà, nous sentions que tout était pour être remis en question, en particulier la fonction marketing. Cette même année, je publiais un article dans le *Canadian Corporate Reports*, dans lequel je me risquais à prédire que, alors que l'avènement des systèmes CRM avait fait passer le pouvoir des manufacturiers aux détaillants, les nouvelles technologies, entre autres le Web, allaient faire passer le pouvoir, cette fois, du détaillant aux consommateurs. De ce fait, il était à prévoir que le marketing, comme fonction, aurait à se redéfinir en adoptant une approche qui soit moins «active» et davantage «réactive». Réactive quant aux changements de besoins, d'humeurs ou d'aspirations des consommateurs. Bref, le Web allait forcer les gens de marketing à ouvrir grandes leurs oreilles et de manière plus fréquente que pendant les quelques sondages ponctuels que pouvaient effectuer les organisations.

Bien voilà, nous y sommes! En quelque sorte, le blogue vient confirmer cette modeste prévision que j'avais faite il y a 12 ans. Parce qu'il donne voix au chapitre, le blogue non seulement favorise la prise de pouvoir du consommateur, du citoyen, du passionné, du petit commerçant ou du polémiste, mais il favorise aussi la symétrie de l'information, condition essentielle à l'existence de marchés efficaces.

Dans cet ouvrage, 10 auteurs se sont réunis afin de nous entretenir du pouvoir du blogue. Dix chapitres, 10 réponses à la question «Pourquoi bloguer?». Un contenu riche et éloquent qui fait ressortir une seule et même réalité, celle de la prise de pouvoir des gens informés. On y découvre en quelque sorte que le bloque est la prolongation même des médias qui l'ont précédé. De la presse à la télé, de la télé aux sites Web et des sites Web aux *Newsletters*, voici que le blogue permet au plus grand nombre de prendre part au débat. Est-ce à dire que tout est permis? Que le meilleur et le pire peuvent cohabiter? Est-ce à dire, comme le suggèrent certains, que les blogues ne sont que des ramassis d'inepties?

Ces questions, comme c'est souvent le cas, trouvent leur réponse dans l'autorégulation des marchés. Certes, il y a de forts mauvais blogues, comme il y a de forts mauvais journaux, mais il y en a aussi de très, très bons et, chose intéressante, les meilleurs sont généralement ceux qui sont les plus fréquentés. Un peu comme dans les domaines des arts ou du sport, où nous assistons à l'émergence d'agents libres. Des «journalistes», des «informateurs» libres et conscients de prendre des risques. Et, dans bien des cas, de manière payante à la longue. Voilà, en un mot, la réalité créée par le blogue.

Autre question que vous vous posez sans doute : Le blogue est-il une mode passagère, une sorte d'épiphénomène ? La réponse à cette question est simple, c'est oui. Oui, car déjà de nouvelles technologies se développent. Par contre, ce constat ne devrait pas vous empêcher de lire ce livre, car, si vous souhaitez être à même de comprendre les tendances à venir, vous avez tout intérêt à bien comprendre celle-ci. D'autant plus qu'elle est majeure. Bref, plus une seconde à perdre et... bonne lecture !

Jacques Nantel
Secrétaire général, HEC Montréal

BLOGUER POUR INFLUENCER

Martin Lessard

Veut-on vraiment bloguer pour influencer ? Rares sont les cas de figure où quelqu'un commence à bloguer avec cette idée à l'esprit. Tous remarquent que l'influence apparaît comme un effet secondaire. L'influence, à ne pas mélanger avec la manipulation, est un art qui se cultive et un pouvoir qui se mérite. C'est la base pour accomplir toutes les autres raisons de bloguer discutées dans ce livre.

Influencer, c'est le rayonnement moral et intellectuel, c'est l'autorité en tant que pouvoir social, un pouvoir d'exercer un effet sur l'opinion publique. Vouloir influencer, c'est la conséquence logique du leadership. Les blogueurs, qu'ils le veuillent ou non, dans leur sphère respective, sont des influenceurs. Les meilleurs le comprennent très vite et se positionnent rapidement dans leur créneau.

Je vous invite dans ce chapitre à comprendre les sources de l'influence des blogueurs. Nous verrons comment ce pouvoir émerge de la blogosphère et pourquoi cette dernière a acquis une légitimité aux yeux de son public. Vous serez vous-même en mesure de saisir les mécanismes pour devenir un influenceur dans votre domaine.

Nous allons ainsi remonter au début du processus, retrouver le véritable moment où tout bascule entre une simple page Web et un site visité par des milliers de personnes. Nous devons d'abord comprendre le fondement de la crédibilité et ensuite remonter le cours des choses jusqu'à la confirmation de l'autorité du blogueur dans la sphère publique.

Le berceau
de la confiance

On s'entend généralement pour dire que la crédibilité est une perception. C'est un attribut donné par l'observateur à une information, à une personne, à une institution. Elle n'est pas une propriété innée d'une personne, mais une caractéristique attribuée par les autres. Cette faculté de donner de la crédibilité s'appelle la confiance.

Dans notre civilisation, la plupart des connaissances que l'on acquiert proviennent presque exclusivement de tiers. Ils vous transmettent soit des informations à propos d'expériences qu'ils ont vécues, soit des savoirs sur le monde environnant, proche ou lointain. Ces informations et ces savoirs, vous n'auriez pu les acquérir tous «de première main» au cours d'une seule vie. Voilà pourquoi nous avons besoin de ces intermédiaires pour acquérir la plupart de nos connaissances[1].

Quotidiennement, ces intermédiaires nous rapportent des faits et nous font part d'expériences que nous ne pouvons pas vivre par nous-mêmes ou que nous n'avons pas le temps de vivre par nous-mêmes. Nous leur faisons confiance.

Il est toujours possible d'effectuer une recherche par soi-même pour vérifier si un intermédiaire dit vrai ou non, mais généralement il est plus aisé de lui faire confiance plutôt que de vérifier chaque fois. Dit plus crûment, la confiance est la méthode utilisée pour s'éviter de faire la preuve chaque fois.

1. Wilson, Patrick. *Second Hand Knowledge : An Inquiry into Cognitive Authority*, Greenport Press, Westport, Connecticut, 1983.

Les institutions de la crédibilité

C'est entre individus que la confiance s'installe (ou non) le plus instinctivement. Mais, à l'échelle de nos sociétés ultra-médiatisées, nous utilisons une technique plus efficace. Nous avons bâti des institutions «légitimantes» qui valident des quantités d'information phénoménales : les médias de masse sont devenus nos intermédiaires pour appréhender la réalité, au-delà de nos propres cercles de confiance rapprochés.

Selon les époques, certaines formes de communication (oral, écrit, image) semblent décrire plus adéquatement la réalité du monde. Le 19ᵉ siècle comptait sur la grande presse avec ses reportages écrits pour nous décrire le monde. Le 20ᵉ siècle a proposé l'image photographique pour le comprendre plus «objectivement». Maintenant, au début du 21ᵉ siècle, nous voyons progressivement baisser la confiance envers ces médias de masse et remarquons la montée de nouvelles modalités d'interprétation de la réalité.

Perte de confiance
dans les institutions

La crise actuelle des médias de masse découle de l'effritement d'une croyance culturelle : une information sur un événement ne s'altérait pas tout à fait dans sa transmission. Cette transmission elle-même doit être invisible afin de préserver «le sentiment qu'événement et information sont une seule et même chose»[2].

Nous entrons dans une nouvelle société où la vérité perçue ne peut plus se limiter à la capture directe par les instruments d'enregistrement d'institutions «légitimantes», activités autrefois monopolistiques des riches médias de masse. La légitimité des organisations médiatiques traditionnelles a ainsi diminué à coups de suspicion permanente.

---

2. Weissberg, Jean-Louis. *La crise fiduciaire des médias de masse*, 2006, site : Multitude Web [http://multitudes. samizdat.net/La-crise-fiduciaire-des-medias-de.html].

Une image vaut 1000 mots. Mais 1000 images valent mieux qu'une seule. On peut truquer une photo ; on ne peut truquer 1000 images de 1000 sources différentes. Nous exigeons désormais des récits incarnés, humains et voulons aller au-delà de simples traces figées : nous voulons expérimenter de façon multiple cette réalité. C'est ici que les blogueurs entrent en scène.

Les nouveaux créateurs de réalité

Internet a diminué le coût d'accès aux outils de production et de diffusion de communications. La nouvelle modalité d'autopublication qu'offrent les blogues, de concert avec d'autres formes de diffusion de l'information (comme Wikipedia), accentue la crise de légitimité institutionnelle des médias de masse. On ne se fie plus à une source, on préfère se fier à une multitude des sources. Quoi de mieux qu'un réseau des réseaux qui permet aux acteurs ou aux spectateurs d'un événement de devenir eux-mêmes les producteurs et les diffuseurs exclusifs ou collectifs de cet événement ?

Ce que les blogueurs ont remarqué, c'est que rapporter un événement le crée plus qu'il ne le rapporte. C'est leur premier pouvoir : « créer » la réalité. Ensemble, par la force du nombre, ils donnent à voir ce qui se passe d'une autre façon.

Auparavant, c'était un pouvoir quasi divin et exclusif des médias de masse. Aujourd'hui, avec l'autopublication accessible à tous, le « monde tel qu'il est », ce monde vu par ceux qui le rapportent, vient d'entrer dans un big bang. Pas étonnant que nous ayons l'impression que le monde s'accélère !

LES FICELLES DU MÉTIER

Qu'importe votre domaine, vous n'obtiendrez pas de la notoriété du jour au lendemain. Il n'est pas rare de se voir reconnu après un, deux ou trois ans. Heureusement, il existe des techniques pour aider un peu la chance.

Faites des hyperliens (pointez) vers les experts du domaine.

Partez de sujets abordés par des leaders de votre domaine. «Pointez» vers leurs blogues et leurs billets. Mettez leur nom dans votre blogoliste. Affichez-vous avec eux, dans les mêmes forums ou autres lieux de discussion.

Commentez les autres blogues.

Ne faites pas seulement qu'écrire sur votre blogue. Faites part de vos idées sur le blogue des autres. Participez aux autres conversations si vous voulez que l'on participe aux vôtres.

Répondez à vos lecteurs.

Ça prend souvent du courage pour écrire un commentaire. Récompensez ceux qui en font en leur répondant. Vous avez commencé une conversation, écoutez ce que les autres ont à dire et donnez-leur de la rétroaction.

Écrivez fréquemment et régulièrement.

Trouvez votre rythme, celui que vous pourrez supporter à long terme. Il est important d'écrire une certaine quantité de billets par semaine pour maintenir l'intérêt du public (en général entre un et trois billets minimum). Et conservez un rythme régulier; rien n'a plus l'air d'un site mort qu'un blogue sans billet depuis deux mois.

Soyez concis et adoptez un ton personnel.

Communiquez avec le minimum de mots votre idée principale. «Pointez» au besoin vers d'autres billets pour les développements plus longs. Adoptez un ton personnel afin de ne pas paraître trop journalistique ou administratif. On doit sentir que les idées proviennent de vous.

Mettez en évidence vos meilleurs billets.

Votre public a aussi peu de temps que vous. Pour les nouveaux visiteurs, offrez une liste de vos meilleurs billets, ceux qui donneront un très bon aperçu de votre expertise et de l'orientation du blogue.

Faites de l'égosurf.

Familiarisez-vous avec des outils comme Technorati.com ou Blogsearch. Google.com pour trouver qui pointe vers votre blogue. Recherchez les mots-clés de votre nom et de celui de votre blogue. C'est une technique courante pour savoir qui «s'adresse» à vous. Vous comprenez maintenant pourquoi il faut pointer vers vos sources, tel qu'expliqué plus haut.

Les nouveaux intermédiaires

Reconnaissons-le, nous n'aurons jamais assez de temps pour faire le tour de toutes les sources. Force aujourd'hui est de reconnaître que, si on a crié, au début d'Internet, à la mort des intermédiaires, il est devenu évident que nous ne pouvons affronter seul le déluge d'information qui nous inonde dès la première recherche.

C'est ainsi que les blogueurs se sont posés en débroussailleurs d'information, en filtreurs du savoir, en pourfendeurs (ou en créateurs) de rumeurs, en enquêteurs de sujets qui ne sont fouillés par personne. C'est le deuxième pouvoir des blogueurs : « créer » du sens. En mettant en contexte une information, en donnant un point de vue dans leur billet, ils enrichissent sémantiquement un lien ou une nouvelle.

Les blogueurs sont des groupes informels, composés d'individus fortement indépendants, qui produisent collectivement une quantité industrielle de contenus, de savoirs et de connaissances. La blogosphère est devenue une « agence de presse » avec des millions de reporters, dont plusieurs experts, qui donnent gratuitement leur temps et leurs connaissances, et qui s'autocorrigent mutuellement à la vitesse de l'éclair. Mais ce n'est pas suffisant pour expliquer leur légitimité.

Nous avons tous le droit de penser, évidemment, qu'Internet contient aussi beaucoup d'informations de mauvaise qualité. Dans les médias traditionnels, la crédibilité repose sur une instance qui décide ce qui doit ou ne doit pas être publié. Internet possède un autre outil, une force qui fait émerger la qualité en triant l'information après publication. Cet outil s'appelle l'hyperlien.

Le transfert de légitimité

Les moteurs de recherche comme Google interprètent le lien vers une page Web comme étant un indice objectif (le lien est volontaire) d'endossement par des pairs (on ne consulte et conserve que les pages que l'on trouve de qualité) : lier est un vote. Mais lier, c'est donner une valeur aux yeux des moteurs de recherche. La valeur d'être retrouvé, la valeur d'être reconnu. Lier, c'est donc créer de la valeur[3]. C'est le troisième pouvoir des blogueurs : donner existence à du contenu, le relier à d'autres contenus et faire en sorte qu'il émerge dans les moteurs de recherche.

L'hyperlien est le mécanisme qui a fait émerger le contenu de qualité dans la blogosphère. Les blogueurs qui ont une bonne réputation sont ceux qui proposent des liens vers des sources de bonne réputation. Si le lecteur d'un blogue trouve que l'information hyperliée n'est pas de qualité (c'est-à-dire qu'il ne lui accorde pas de crédibilité), il n'appuie pas sur le bouton « reculer » seulement une fois, mais bien deux fois : il ne veut plus faire confiance non plus au blogueur qui l'a dirigé là.

Les blogueurs laissent des traces en citant leurs sources. C'est cette « traçabilité » qui permet de créer la crédibilité essentielle pour avoir de l'influence, car, on l'a vu, vérifier une source est l'équivalent de faire confiance. Mais c'est plus que ça. On peut voir maintenant le travail de synthèse accompli et aussi le type de tri que les blogueurs font à partir de la source d'origine. Selon le travail et la qualité du résultat, on donne du crédit ou non à la personne qui nous transmet une information ou une connaissance au moyen du lien. Il se crée une légitimité d'expertise aux yeux des lecteurs. La légitimité dans la blogosphère s'explique donc ainsi. Mais il reste à expliquer comment celle-ci est passée dans la sphère publique.

---

3. Walker, Jill. *Links and Power : The Political Economy of Linking on the Web*, 2002, ACM Hypertext conference, Baltimore [http://jilltxt.net/txt/linksandpower.html].

COMMENT FAIRE POUR DEVENIR UNE AUTORITÉ DANS SON DOMAINE

On n'attrape pas les mouches avec du vinaigre. Votre blogue doit être vu comme un produit qu'il faut promouvoir.

Analysez votre marché.

Trouvez les leaders dans votre domaine. Trouvez un aspect qu'ils n'abordent pas. Appropriez-vous-le. Créez un créneau dans lequel vous allez devenir expert.

Abordez des sujets d'actualité.

Un sujet d'actualité dans votre domaine n'a pas encore subi les pressions du consensus. Il est possible encore d'influencer la manière de l'interpréter. Un expert n'est pas seulement celui qui possède la connaissance, mais celui qui est capable d'en acquérir de nouvelles et surtout d'en parler.

Ayez une pensée originale.

Les lecteurs aiment les blogues justement pour les opinions qu'ils y trouvent, parce qu'ils veulent savoir ce que les autres pensent. Dites ce que vous pensez ! Un expert doit pouvoir exprimer son point de vue sur toute question.

Citez vos sources.

Accordez à vos sources et à vos inspirations toute la reconnaissance qu'elles méritent en pointant vers elles. Enrichissez vos billets avec davantage de liens pertinents afin d'ajouter de la valeur. N'ayez pas peur que les lecteurs quittent votre blogue pour suivre ces liens. Ils vous en seront reconnaissants, si vous leur offrez de la qualité. Et ils vont revenir.

Créez du contenu.

Citer, c'est bien, mais créer, c'est mieux. Trouvez une nouvelle idée claire basée sur la jonction de deux ou trois autres idées. Profitez de la cooccurrence de nouvelles pour en faire une nouvelle lecture qui deviendra du nouveau contenu pour les autres. Émettez des hypothèses, pensez en dehors du cadre. Ne faites pas que suivre le mouvement, menez !

Le passage dans la sphère publique

Pour que s'opère un passage de la sphère privée, personnelle, vers la sphère publique, médiatisée, il faut d'abord que les blogueurs qui partagent le même savoir intime – sans le savoir – se rendent compte qu'ils prononcent les mêmes jugements dans des situations similaires. Ensuite, si leur nombre augmente, ces blogueurs prennent conscience que leur jugement dépasse leur sphère personnelle. Ces blogueurs tentent ensuite de faire reconnaître publiquement ce qu'ils énonçaient en privé.

Le partage de ce jugement entre des blogueurs qui se croyaient minoritaires donne de l'assurance aux gens pour s'opposer aux lectures officielles, notamment celles qu'en font les institutions légitimes, les médias de masse ou même les membres établis dans leur sphère d'activité. Ce processus n'aurait jamais pu fonctionner auparavant. Il fallait un système où l'information circule librement et le mécanisme des hyperliens pour faire émerger l'information.

« Grâce à Internet, nous assistons au déclin d'un certain "fondamentalisme" de la connaissance, car nous pouvons maintenant comparer, confronter, apprécier l'information, bref, relativiser et humaniser la vérité (ce qui est à l'opposé du fondamentalisme dogmatique rassurant auquel nous avons été habitués)[4]. »

Mais il reste encore à expliquer l'arrimage avec le système des médias traditionnels. Du point de vue de ces derniers, les blogueurs deviennent une solution de rechange aux sondages d'opinion et permettent de faire remonter des sujets d'intérêt général pour leurs publics propres.

---

4. Commentaire de Jean Trudeau sur Mythologie de la connaissance 2006, site : Zéro Seconde [http://zero seconde.blogspot.com/2006/11/mythologies-de-la-connaissance-3.html].

Dans cette nouvelle écologie de l'information qui se met en place, les médias traditionnels peuvent mieux cibler ce qui intéresse leur lectorat... et transmettent une crédibilité légitimée aux blogueurs[5].

L'autorité d'influencer l'opinion publique

Ce qui a désarçonné les médias traditionnels, c'est que les blogueurs ne se sont pas contentés de jouer les interviewés de seconde zone. Comment s'y sont-ils pris ? Les blogueurs ont pris conscience qu'ils avaient, eux aussi, un public. Expliquons.

Voyons la différence entre une page Web et un blogue. Prenons un site consacré aux collections de figurines historiques ou aux météorites : il a un lectorat, certes, mais pas un public. L'information déposée sur un serveur Web ne possède pas de public précis. Une page Web ordinaire utilise Internet comme simple canal pour retrouver son lecteur éventuel. C'est tout.

Le blogueur, lui, se donne un lectorat par le choix d'une langue, d'un sujet, d'une voix. Il se crée un public par la fréquence de publication, le rendez-vous qu'il lui donne. Et, dans ce sens, la blogosphère est un média. Le blogue est un outil de diffusion vers un vaste public.

Comme la blogosphère est un média de masse pour communiquer, même si elle n'a pas la même portée ni le même public que les médias traditionnels, posséder un public procure un grand avantage. C'est le pouvoir de modifier l'opinion publique.

---

5. Delwiche, Aaron. *Agenda-setting, opinion leadership, and the world of Web logs*, 2005, site : First Monday [http://firstmonday.org/issues/issue10_12/delwiche/index.html].

En 1972, McCombs & Shaw ont inventé l'expression *agenda setting* pour décrire la fonction des médias de masse qui «exercent un effet considérable sur la formation de l'opinion publique, en attirant l'attention du public sur certains événements et en en négligeant d'autres». La fonction de l'*agenda setting* «n'est pas de dire aux gens ce qu'ils doivent penser mais sur quoi ils doivent concentrer leur attention»[6].

Une des fonctions significatives du blogue consiste à attirer l'attention de son public sur certains sujets et, conséquemment, d'en passer d'autres sous silence, c'est-à-dire d'établir une hiérarchie des sujets : choisir, c'est rejeter une infinité d'autres choix. Même si l'espace écran et l'espace disque sont virtuellement infinis, l'espace mental et le temps du lecteur sont finis, et la finitude est créatrice de rareté, donc de valeur.

Dans la nouvelle écologie de l'information, cette valeur donne le pouvoir aux blogueurs de concurrencer les anciens gardes-barrières, ces analystes qui filtrent pour nous l'information des médias traditionnels.

Mais sur le réseau Internet, où toute barrière peut être immédiatement contournée tellement il y a de sources d'information, les blogueurs doivent davantage être perçus non pas comme de nouveaux gardes-barrières, mais plutôt comme des nouveaux «connecteurs»[7]. Les blogueurs envahissent un nouvel espace ; ils ne remplacent pas les anciennes institutions. Ils sont appelés à jouer un rôle dominant dans la gestion du flot d'information d'aujourd'hui et, par ce pouvoir, ils exercent une influence considérable. Bloguer pour influencer devient une réalité.

---

6. McCombs & Shaw. *The agenda setting*, 1972, rapporté par Judith Lazar, 1992, in «La science de la communication», PUF, QSJ 2634, p. 119.

7. Garfunkel, Jon. *The new Gatekeepers*, 2005, site : Civilities Media Structures Research [http://civilities. net/TheNewGatekeepers].

EXEMPLES D'EXPERTS QUI ONT DE L'INFLUENCE DANS LEUR DOMAINE

Tous les auteurs de ce livre sont des experts dans leur domaine, notamment grâce à leur blogue. Qu'importe votre domaine, il faut savoir que bloguer pour influencer est un travail de longue haleine. Le rendement du capital investi est rarement direct, mais devient payant à long terme.

Clément Laberge blogue depuis septembre 2002 sur le cyberespace et la cité éducative. À l'automne 2005, il s'est fait offrir le poste de directeur des développements numériques pour l'éducation chez le groupe d'édition français Éditis. Sa notoriété et son autorité se sont affermies [carnets.opossum. ca/remolino].

Frédéric Cavazza est consultant indépendant depuis 2006. Son blogue existe depuis juin 2003. Ce dernier occupe la première place parmi les 10 blogues technologiques les plus lus dans la francophonie, notamment grâce à sa couverture du Web 2.0 et des innovations technologiques sur Internet. Comme visibilité marketing, on ne peut faire mieux [www.fredcavazza.net].

Harry Wakefield est un entrepreneur québécois. Il crée mocoloco.com en septembre 2003, un blogue sur le design contemporain. Il est devenu le premier blogueur montréalais à vivre entièrement de son blogue et emploie aujourd'hui une équipe pour l'assister [mocoloco.com].

BLOGUER POUR VENDRE

Michel Leblanc

Il y a de nombreuses raisons de bloguer[8]. Mais la question du rendement du capital investi et des ventes est l'une des toutes premières que se posera l'homme d'affaires averti. Puis viendra celle des ressources qu'il devra mettre à la disposition d'une possible aventure bloguesque d'affaires.

Mais revenons à la première question. Est-ce possible de vendre grâce à un blogue? Pinny Gniwisch[9], de l'entreprise québécoise Ice.com (bijouterie en ligne), semble le croire. Grâce à ses blogues externes (Justaskleslie.com et sparklelikethestars.com), il réussit à engranger la rondelette somme de 70 000 $ de ventes par mois, en plus de favoriser grandement le positionnement de son site transactionnel principal (Ice.com) dans les moteurs de recherche.

Mais comment fait-il? C'est ce que je vais vous expliquer.

---

8. http://blaugh.com/2007/04/11/how-to-get-bloggers-to-talk-about-you-2/.

9. http://www.michelleblanc.com/2007/01/15/blogues-font-vendre-70000-mois/.

Les avantages des blogues
pour le positionnement Web

D'après un document de présentation technique (white paper) de la firme Morevisibility[10], les blogues sont la technologie idéale pour apparaître dans les premières places des résultats des moteurs de recherche tels que Google, Yahoo ou MSN. Est-ce que ces moteurs choisissent délibérément d'avantager ce type de plateforme plutôt que le traditionnel site Web? Je ne le crois pas. Bien que les blogues soient très en vogue et qu'un récent mémoire de maîtrise sur le sujet[11] qualifie cette technologie de « prochain boom Internet », ce serait plutôt ses qualités intrinsèques qui l'avantageraient sensiblement par rapport aux sites que l'on qualifiera désormais de traditionnels.

Quels sont les éléments
qui favorisent les blogues?

Depuis toujours, les moteurs de recherche privilégient les sites à contenu plutôt que les sites d'images. Les algorithmes de recherche sont en effet basés sur les mots et la signification de ces mots. De plus, l'un des critères qui favorise le positionnement dans les résultats des moteurs est la fréquence et la date (récente ou non) des mises à jour. Ainsi, pour un même mot donné, un contenu qui aurait été mis en ligne il y a deux ans se verrait déclassé par rapport à un contenu apparu la semaine dernière. De plus, un autre concept prisé par les moteurs de recherche est celui de la densité des mots-clés. Les blogues d'affaires sont souvent spécialisés et de ce fait,

---

10. Cet argument est inspiré et traduit librement de Joe Laratro [www.morevisibility.com], Blogs ~ Learn How and Why They Fit Into Your Search Engine Marketing & Optimization Campaigns. Document accessible au [http://www.michelleblanc.com/2005/09/20/pourquoi-les-blogues-sont-ils-bien-positionnes-dans-les-moteurs-de-recherches/].

11. Torio, James. *Blogs - A Global Conversation - A Master's Thesis on the Social Phenomenon of Blogs*. Submitted in partial fulfillment of the requirements for the degree of Master of Arts in Advertising Design in the Graduate School of Syracuse University, août 2005. Étude accessible au [http://www.michelleblanc.com/2005/09/29/une-these-de-maitrise-sur-le-phenomene-social-des-blogues/].

leurs contenus traitent en profondeur d'un sujet, sensiblement toujours le même. Ainsi, ils répéteront plusieurs centaines de fois, mais dans un contexte toujours différent, les mêmes expressions-clés et leurs synonymes. Cela augmente grandement la densité de leurs expressions-clés, sans qu'ils soient considérés pour autant comme des pourriels. Les moteurs de recherche privilégieront donc les blogues au détriment des sites traditionnels.

Une autre raison nous permettant de comprendre la prédominance des blogues dans les résultats de recherches est l'utilisation massive qu'ils font des hyperliens. Ce sont, en effet, d'autres éléments qui pèsent lourdement dans les classements des moteurs de recherche. On pourrait aussi ajouter le fait que les blogues utilisent la technologie RSS, qui permet de multiplier facilement le nombre d'hyperliens externes et de références qui pointent vers une adresse de blogue précise. Ces hyperliens externes sont comptabilisés par les moteurs de recherche comme des votes de confiance des internautes en faveur d'une adresse URL précise et de son contenu de mots-clés. Encore un autre avantage des blogues. Finalement, beaucoup d'internautes utilisent, pour leurs requêtes, ce que nous pourrions appeler le langage naturel. Il s'agit en fait du langage de tous les jours, qui est particulièrement présent dans le contenu textuel des blogues ou dans les commentaires qui s'y rattachent. Pour toutes ces raisons, les blogues sont donc largement favorisés par rapport aux sites traditionnels, en termes de classement dans les résultats des moteurs de recherche.

Comment profiter de cette situation dans un contexte d'affaires?

Tout d'abord, renseignez-vous sur la technologie des blogues[12] et expérimentez-la. Sachez aussi que la technologie elle-même ne

---

12. Un bon départ pour se familiariser avec les technologies, les pratiques et le marketing des blogues est : *Reporter sans frontières, Le guide pratique du blogger et du cyberdissident*, septembre 2005. Document accessible au [http://www.michelleblanc.com/2005/09/27/reporters-sans-frontieres-outille-les-blogueurs-dissidents/].

coûte pratiquement rien. Cependant, il est évident que, dans un contexte d'affaires, des frais de rédaction, de mise en ligne, de design et de marketing Internet devront être envisagés. Toutefois, pour une PME et pour un entrepreneur ayant un peu de bonne volonté et de temps pour explorer cette avenue, cette forme de publication Web pourrait s'avérer fort avantageuse.

QUELQUES CONSEILS

- Gardez votre blogue simple et évitez les graphiques lourds et encombrants. Un blogue doit se lire facilement et le ton doit être accessible pour intéresser le lecteur... et le moteur de recherche.

- Mettez votre contenu à jour fréquemment. Un blogue se doit d'être mis à jour au moins une fois par semaine. Une cadence plus rapide est certainement bénéfique, mais la passion de l'écriture n'est pas donnée à tous. Sachez aussi que les visiteurs de blogues sont des lecteurs assidus. Morevisibility présente le fait que, durant le premier semestre de 2005, les visiteurs de blogues ont regardé en moyenne 1600 pages, ce qui est 77 % plus élevé que ce que regarde l'internaute moyen, c'est-à-dire 900 pages. Les lecteurs de blogues sont donc fidèles ; vous vous devez de les satisfaire.

- Développer un blogue utile. Il a été observé que les blogues qui ont une utilité et une mission sociale ont connu un succès commercial et un positionnement enviable. En somme, soyez passionné de votre sujet. D'ailleurs, n'êtes-vous pas parti en affaires précisément pour ces raisons ?

Ce sont ces raisons qui ont contribué à la naissance des blogues d'Ice.com. Le premier, Justaskleslie.com, répond à diverses questions que se posent les propriétaires de bijoux sur leur entretien, la manière de les choisir et les autres éléments précédant ou suivant l'achat. Le blogue offre de nombreux conseils que les propriétaires de bijoux obtiendraient sans doute aussi s'ils se présentaient dans un magasin. Sauf que, dans ce cas-ci, le blogue permet d'attirer des acheteurs potentiels en répondant aux questions des consommateurs. L'autre blogue, Sparklelikethestars.com, a un côté un peu plus ludique. Les dirigeants d'Ice.com ont obtenu les droits d'utilisation de photos de vedettes d'Hollywood. Dans leur blogue, ils présentent ces clichés et font un gros plan sur les bijoux qu'elles portent. Puis, ils racontent une petite anecdote et parlent des bijoux en les nommant (utilisation de mots-clés renforçant le positionnement tels que : 7/8 carat blue sapphire and 14K white gold star earrings et en insérant un hyperlien menant directement à l'endroit où ils apparaissent dans le catalogue en ligne. Et voilà, le tour est joué !

Vous n'avez pas de bijoux à vendre ?

Qu'à cela ne tienne ! Vous auriez des feuilles de métal trouées, des idées, des pilules contre l'incontinence, des idées politiques ou des franchises à vendre, que cela ne ferait pas une grande différence. L'important est de parler de ce que vous avez à vendre. Vous me direz oui, mais mon produit n'est pas sexy et je ne sais pas quoi dire. Alors, changez de métier et faites ce que vous aimez vraiment. Un blogue ne changera rien à votre triste sort. Les gens qui réussissent vraiment aiment ce qu'ils font et, quand vous aimez ce que vous faites, vous pouvez en parler durant des heures. L'important n'est pas de parler à la terre entière, mais de parler à vos clients, qu'ils soient consommateurs, acheteurs en entreprise, électeurs ou franchisés. Si vous parlez de leurs besoins, ils viendront à vous. Dans mon propre blogue, je n'ai pas de description de mes services, mais plus de 50 % de mes ventes viennent de celui-ci. Plutôt que de faire la liste de mes services, j'en parle abondamment d'une manière légère, d'actualité et instructive. Mes lecteurs comprennent ainsi mon expertise et y font de plus en plus appel.

D'ailleurs, dans mon propre blogue, un lecteur me posait cette question : « Il est vrai que certaines "shops" ne sont pas allumées sur le Web, mais leur clientèle cible et leur marché justifient-ils l'investissement et le temps que demande une campagne efficace sur le Web ? Un blogue est-il vraiment nécessaire pour l'entreprise en région qui construit des plaques d'acier ? [13] »

Le 2007 Canadian Internet Trends Survey Results : Industrial Marketing White Paper[14] nous apprend que, selon un sondage mené en 2007 auprès de 2466 acheteurs industriels canadiens :

- 88 % ont utilisé Internet pour trouver des composantes et des fournisseurs ;
- 84 % ont utilisé Internet pour obtenir des spécifications techniques ;
- 75 % ont passé au moins trois heures par semaine sur Internet pour faire ces recherches ; et
- 37 % disent que leur utilisation des magazines sectoriels a baissé au cours de la dernière année.

L'utilisation des blogues pour atteindre ce type de client s'avérerait donc sans doute souhaitable.

Même l'industrie pornographique et des pourrielleurs s'en mêlent !

Les blogues sont tellement efficaces pour vendre sur Internet qu'un nouveau phénomène a fait son apparition sur la toile et commence à embêter Google et ses nombreuses filiales. Il s'agit des « splogs ».

« Splog » est une contraction des mots « spam » et « blog ». Avant d'écrire mon premier billet sur le sujet, j'ai demandé l'avis de l'Office québécois de la langue française pour la francisation de ce terme. N'ayant toujours pas reçu de réponse, voici mes suggestions : « pollublogue », « poublogue », « pollubloguer » et « pollubloguage ».

---

13. http://www.michelleblanc.com/2007/06/21/raisons-etre-en-ligne-manufacturiers-industriels/.

14. http://www.globalspec.com/wp/archive_2007_CanadianInternetTrendsSurvey.pdf.

Selon Wikipedia[15], le terme « splog » serait apparu en août 2005 et sa paternité appartiendrait à Mark Cuban[16].

Mais de quoi s'agit-il ? Qu'est-ce qu'un « splog » ?

En fait, les polluposteurs se sont vite rendu compte de l'avantage indéniable des blogues en termes de positionnement dans les moteurs de recherche et de l'avantage d'utiliser des fils RSS comme outil de diffusion de courriels. Ils ont su s'adapter aux nouvelles réalités Web. Un polloblogue est donc un blogue dont la vocation est de diffuser des hyperliens qui favoriseront le positionnement dans les moteurs de recherche de sites Web appartenant à leurs auteurs ou à leurs affiliés. Le but de cette arnaque est d'augmenter le *Page Rank* des sites en question. Les polloblogues sont donc des blogues bidon avec des textes incohérents et parfois volés à des sites légitimes. Selon Technorati[17], entre 2 et 8 % des blogues créés chaque jour seraient des polloblogues.

Les industries qui utilisent les polloblogues sont celles du tabac, des casinos en ligne, de la pornographie et des hypothèques immobilières. Ces industries sont toujours à l'avant-garde des pratiques de marketing Internet. S'ils sont bons pour elles, peut-être les blogues peuvent-ils faire des merveilles pour vous ? En autant que vous ne mettiez pas en ligne, vous aussi, un autre polloblogue !

Le blogue comme outil de publication

Une présence Web peut s'assurer de diverses façons. Vous pouvez même avoir une page sur eBay et vendre énormément, sans site Web. Vous pourriez aussi donner un mandat à un « faiseur de sites

---

15. http://en.wikipedia.org/wiki/Splog.
16. http://en.wikipedia.org/wiki/Mark_Cuban.
17. http://www.technorati.com/weblog/2005/10/53.html.

Web» pour qu'il vous conçoive un site à partir de ce qu'il croira être votre besoin. Vous pourriez aussi le faire vous-même. D'ailleurs, les nouveaux outils de mise en ligne d'une présence Web sont de plus en plus faciles d'utilisation pour un non-informaticien. Au cours de mes conférences, j'aime donner l'exemple d'un copain de 9 ans, Thomas Martin[18], qui s'en est fait lui-même trois. Pour revenir à mon propos, les outils facilement utilisables sont communément appelés CMS (*Content Management System*, que nous pourrions traduire par «outil de gestion de contenu»). Ces outils nécessitent une expertise pour leur mise en place initiale, mais, une fois la mise en place effectuée, avec une formation de quelques heures seulement, un néophyte pourra, à sa guise, ajouter des contenus textuels, vidéo, audio et autres. Ces CMS peuvent être gratuits (s'ils sont à code source ouvert) ou coûter plusieurs dizaines de milliers de dollars. L'un de mes clients, le Réseau de veille en tourisme de l'UQAM[19], a requis mes services d'expert conseil pour sélectionner un CMS pour ses besoins.

Il ne voulait rien savoir des blogues, mais voulait une plateforme (un CMS) perméable aux moteurs de recherche, des archives par dates et sujets, un moteur de recherche intégré et un outil d'édition simple pour ses nombreux rédacteurs scientifiques. J'ai alors inventé le terme «slogue». En fait, un slogue est un site Web traditionnel qui est monté sur une plateforme blogue. La plateforme blogue devient en fait un CMS pour le site Web. À ce propos, sachez que le CMS qu'il utilisait depuis trois ans avait coûté 80 000 $CAN. Le slogue, incluant mes honoraires, le transfert des volumineux contenus de l'ancien site, en anglais et en français, et la mise en ligne de deux slogues adaptés en termes de design graphique et de fonctionnalités qui répondent au besoin spécifique du client, aura coûté 15 000 $. Une économie de 65 000 $, en plus des nombreuses retombées d'affaires qu'engendrera une présence Web désormais visible pour les moteurs de recherche.

---

18. http://www.michelleblanc.com/2006/05/11/thomas-martin-9-ans-plus-jeune-blogueur-a-montreal/.

19. http://www.michelleblanc.com/2007/07/03/le-nouveau-slogue-du-reseau-de-veille-en-tourisme-de-l-uqam/.

Quelles peuvent être
ces autres retombées d'affaires ?

Charlene Li de Forrester s'est posé cette question[20]. La réponse qu'elle a fournie dans son document *The ROI of Blogging*[21] est assez éloquente. Ayant moi-même bénéficié des nombreuses retombées qu'elle énumère, je suis porté à accorder beaucoup de crédit à sa réflexion. Ainsi, le blogue augmentera sensiblement la visibilité de la marque, permettra de récolter des idées fraîches et lucratives venant des lecteurs, diminuera l'impact de critiques pouvant exister à votre endroit sur le Web et diminuera les coûts associés aux ventes. Je vous mentionnerais que, pour ma part, ce chapitre est composé principalement de nombreux billets déjà parus dans mon blogue. Ce dernier me permet donc de retrouver et de diversifier l'utilisation de mes contenus et idées, de les présenter sous forme de chapitre dans ce présent livre, sous forme d'articles que j'envoie à de nombreux médias, qui ne manquent pas de citer la source originale et de m'envoyer des lecteurs/clients potentiels additionnels, sous forme de contenu pour mes conférences ou sous forme de contenu pour mes mandats de consultation. Le blogue ne sert donc pas qu'à vendre. Il peut être un outil qui engendre de nombreuses autres retombées.

Vous avez encore peur
de bloguer ?

Vous êtes probablement victime de ces nombreux mythes qui entourent les blogues d'affaires. Lorsque j'explique le phénomène blogue dans un contexte d'affaires, invariablement, je sens que mes interlocuteurs saisissent la portée marketing indéniable du moyen, tout en craignant l'ouverture et les possibles retombées négatives que ce genre de communication bidirectionnelle peut engendrer.

---

20. http://www.michelleblanc.com/2007/01/25/calcul-roi-blogues-affaires/.
21. http://www.forrester.com/Research/Document/Excerpt/0,7211,41064,00.html.

Commençons par les deux craintes majeures que l'on rencontre le plus fréquemment. Aurai-je du contenu à livrer à mes lecteurs potentiels et comment pourrai-je répondre à tous ces commentaires que me feront les lecteurs ? Si vous êtes passionné par votre travail, vous pouvez certainement en parler des heures durant avec vos confrères, vos clients et vos partenaires d'affaires. Pourquoi ne pourriez-vous pas en faire autant sur un blogue ? Si la crainte de la page blanche est la réelle source de vos angoisses, choisissez un pseudonyme, parlez de pêche, de golf ou de tout autre sujet qui vous intéresse vraiment et essayez de bloguer anonymement sur une plateforme gratuite telle que Blogger pour quelques mois. Vous vous habituerez à la technologie, vous développerez un style, vous vous décontracterez et, lorsque vous sentirez que vous êtes prêt, mettez en ligne votre blogue d'affaires (idéalement avec une autre technologie que Blogger, qui est trop restrictive). Pour ce qui est de répondre aux nombreux commentaires, commencez par en recevoir quelques-uns avant de paniquer. Vous trouverez d'ailleurs que, au début, ou encore en fonction de votre sujet, les commentaires ne sont pas si nombreux que ça. De plus, si vous avez une abondance de commentaires, sachez que vous n'êtes pas obligé de répondre à tous personnellement. Vous pourriez, par exemple, ne répondre qu'à ceux que vous jugez représentatifs de l'ensemble, ce qui constitue une charge de travail beaucoup moins lourde.

LES MYTHES ET LA RÉALITÉ

Mythe 1 : Élaborez une politique éditoriale pour limiter les risques de poursuites judiciaires[22].

L'élaboration d'une politique éditoriale n'est certes pas une mauvaise chose. Cependant, vos employés sont déjà soumis aux diverses clauses de confidentialité ou encore aux règles de conduite que vous devriez avoir déjà établies pour les communications courantes de votre société. Les blogues sont donc régis par ces ententes.

---

22. Ces mythes et réalités des blogues d'affaires sont issus et traduits librement du document Blogging in the enterprise (PDF), a Guidewire Group Survey iUpload sponsor, octobre 2005, et se retrouvent aussi dans le billet au [http://www.michelleblanc.com/2006/06/06/blogues-entreprises-mythes-realites/].

Réalité 1 : Afin de réduire les risques, les entreprises devraient établir des mesures de contrôle éditorial.

Si vos employés bloguent pour vous, il va de soi qu'un responsable de l'entreprise doit lire et approuver le contenu avant de le mettre en ligne. Les technologies blogues permettent ce genre de contrôle administratif et il serait certes plus judicieux de ne pas mettre en ligne un contenu inapproprié que de réagir par la suite. De plus, il est beaucoup plus aisé d'expliquer à l'employé rédacteur en quoi un contenu peut déroger à l'aspect confidentiel ou contrevenir à certaines règles juridiques que de le menacer de sanction. L'esprit des blogues réside dans une communication ouverte plutôt que dans une confrontation.

Mythe 2 : Pour réussir un blogue d'affaires, les entreprises doivent sélectionner les bonnes personnes pour bloguer.

Dans certaines entreprises, les blogueurs sont soigneusement sélectionnés afin de devenir les «évangélistes officiels» de l'entreprise. Cependant, les employés qui ont la connaissance du terrain sont souvent des laissés-pour-compte.

Réalité 2 : Les blogues devraient être largement utilisés dans l'entreprise comme lieu de partage du savoir. On devrait de surcroît établir des règles permettant au meilleur du contenu d'être accessible aux bonnes personnes, aux bons moments.

Ne sélectionner que quelques-uns des employés pour bloguer est un appel à la catastrophe et au burn-out du blogueur. Vous devriez plutôt créer des blogues intranet sécurisés et accessibles à tous afin d'y recueillir le meilleur contenu possible, que vous pourrez par la suite intégrer à votre blogue d'entreprise. Une mine de passion et d'information très pertinente réside en chacun des employés. De plus, ils sont au fait d'information à valeur ajoutée qu'ils peuvent partager avec les autres employés et éventuellement avec les clients.

Mythe 3 : Les blogues d'entreprise sont surtout intéressants en termes de marketing et de relations publiques.

Les blogues sont efficaces en termes de marketing. Ils dépassent même les sites traditionnels à cet égard. ▶

Réalité 3 : Les blogues devraient aussi être utilisés afin d'augmenter le capital informationnel de toutes les fonctions de l'entreprise.

Plusieurs entreprises ont dépassé la vision strictement marketing ou relations publiques des blogues pour utiliser leur pouvoir dans leurs diverses fonctions traditionnelles. Ainsi, il est possible d'utiliser les blogues pour entretenir une conversation avec des partenaires externes, dans une optique de recherche et de développement, de vente, de gestion des ressources humaines ou encore d'amélioration du service à la clientèle. Par exemple, Stillwater National Bank utilise les blogues comme un extranet pour ses partenaires hypothécaires afin de les tenir informés des occasions qui se présentent sur une base régulière. Cette entreprise a aussi intégré ce blogue à son logiciel CRM afin de suivre l'évolution des besoins des clients. Les blogues, grâce à une configuration intranet sécurisée, pourraient aussi servir, pour les employés, de lieu de partage de l'information émanant du service des ressources humaines. Cette information pourrait contenir des détails sur les politiques de l'entreprise et la rémunération, des photos et une vidéo du dernier *party* de l'entreprise et, pourquoi pas, des photos du dernier-né de l'employée qui est en congé de maternité. Ils maintiendraient ainsi l'esprit de corps qui pourrait s'y exprimer.

Mythe 4 : Avoir des blogueurs célèbres est la clé du succès.

Robert Scoble et Jonathan Schwartz (de Microsoft et Sun) sont les blogueurs d'entreprise les plus connus aux Etats-Unis. Chez les Français, Loïc Le Meur est sans doute leur équivalent. Ces personnages nous donnent l'impression qu'il faut être une célébrité pour devenir blogueur d'affaires. Cependant, ce sont les blogues qui ont grandement contribué à forger leur célébrité.

Réalité 4 : Les entreprises devraient utiliser et mettre en ligne le contenu le plus approprié en fonction des projets qu'elles veulent démarrer.

Les lecteurs de blogues et les moteurs de recherche ne s'intéressent pas qu'aux célébrités. Ils s'intéressent aussi, et surtout, à la pertinence et à la qualité du contenu. Si vous développez un contenu pertinent, vous aurez des lecteurs qui reviendront et qui adopteront peut-être votre entreprise, au point d'en devenir les promoteurs. Vous serez alors des célébrités.

Copyblogger.com[23] nous donne cinq conseils sur la façon de capter l'attention des lecteurs d'un blogue dès les premières lignes. En voici un résumé traduit librement.

1. Posez une question rhétorique.
2. Partagez une anecdote ou une citation savoureuse.
3. Stimulez une vision de l'esprit par l'utilisation de formulations telles que «imaginez», «vous souvenez-vous», «voyez comment», etc.
4. Utilisez une analogie, une métaphore ou une similitude qui facilite l'imagerie mentale.
5. Mentionnez une statistique ou une donnée inusitée et même choquante.

Ne cherchez pas à être célèbres, soyez plutôt utiles![24]

Selon Steve Rubel, du célèbre blogue américain Micropersuasion. com[25], il existerait les quatre P du marketing d'un blogue. Évidemment, il se réfère aux quatre P du marketing traditionnel, soit le prix, le produit, la place (la distribution) et la promotion (ou publicité). Selon Rubel, les quatre P du marketing d'un blogue sont:

- *Passion* (passion): écrivez sur un sujet qui vous passionne.
- *Purposeful* (buts visés): sachez pourquoi et pour qui vous écrivez; gardez votre objectif d'affaires en tête.
- *Present* (présentement): écrivez à propos des sujets de l'heure. J'ajouterais même, écrivez à propos des sujets qui le seront bientôt. À ce propos, des analyses que j'avais faites à propos de la présence Web des partis politiques durant des élections sont devenues d'actualité le lendemain de celles-ci. J'ai donc joui d'une couverture médiatique imprimée et télévisuelle gratuite et non sollicitée.

---

23. http://www.copyblogger.com/5-simple-ways-to-open-your-blog-post-with-a-bang/.

24. «Don't be famous: be usefull».

25. http://www.micropersuasion.com/2006/02/the_four_ps_of_.html.

- *Positional* (prenez position) : prenez position quant aux sujets dont vous parlez. Il n'y a rien de plus ennuyeux que de visiter un blogue où l'on ne fait que répéter bêtement les idées et les trouvailles des autres, sans ajouter une valeur quelconque. Ce genre de blogues nous permet de découvrir la source que nous consulterons dorénavant. Mettez-y donc votre grain de sel !

BLOGUER POUR INFORMER

Tristan Péloquin

La scène se déroule en septembre 2004. Toute la salle de rédaction de *La Presse* – journalistes, chroniqueurs, photographes, pupitreurs, graphistes – est réunie au sous-sol de l'édifice de la rue Saint-Antoine pour une rencontre annuelle d'orientation. Les patrons déballent les grands projets rédactionnels : voyages à l'étranger, grandes séries, enquêtes de terrain. Le menu est copieux. Le quotidien, fort de sa maquette *redessinée* et de ses nouvelles presses rotatives, veut donner un grand coup. Le plan satisfait presque tout le monde. Les questions se font rares ; les doutes encore plus. François Cardinal, un jeune journaliste à l'époque affecté aux Affaires municipales, pose néanmoins une question : « Et les blogues ? Vu la popularité qu'ils connaissent aux États-Unis, on devrait peut-être penser à s'y mettre sérieusement. » La salle reste de glace. Mais de quoi il parle, celui-là ?

Trois ans plus tard, l'idée bizarre évoquée ce jour-là par François Cardinal est au cœur de la stratégie d'affaires de Cyberpresse. Les blogueurs vedettes se sont multipliés à partir de juin 2006. Stéphane Laporte, Patrick Lagacé, Sophie Cousineau, Marie-Claude Lortie, François Gagnon et Richard Hétu sont aujourd'hui bien en vue sur la page d'accueil du site. Leurs réflexions et coups de gueule sont consultés quotidiennement non pas par des centaines ni des milliers d'internautes, mais par des dizaines de milliers d'entre eux.

Idem chez Canoë, l'autre grand portail d'information québécois, qui compte plus d'une dizaine de blogueurs, en plus de blogues régionaux. Les blogues ont aussi envahi le site de Radio-Canada, qui préfère toutefois parler de « carnets ». Dans le cas de la vénérable institution d'État, on ne parle cependant pas de nouveauté, le journaliste Bruno Guglielminetti, visionnaire, ayant lancé son blogue spécialisé dans les technologies en 2003. C'est sans parler du portail Branchez-Vous ! qui non seulement compte plusieurs blogueurs bien connus des amateurs de techno, mais propose aussi à ses lecteurs un espace pour créer leur propre blogue.

Bref, la formule a fait mouche. Les grands médias d'information québécois se sont lancés à pieds joints dans la blogosphère, à l'image de leurs équivalents américains.

En peu de temps, l'influence de ces blogues médiatiques est devenue majeure et ne cesse de croître. Depuis quelques mois, il n'est pas rare d'entendre des extraits de blogues médiatiques dans les revues de presse matinales de Marc Laurendeau, à la radio de Radio-Canada.

Le blogueur Michel Leblanc, spécialiste du référencement Web (et auteur du chapitre « Bloguer pour vendre » dans cet ouvrage), a même inventé des néologismes pour décrire l'explosion d'affluence qu'a connue son propre blogue lorsque des blogueurs vedettes comme Dominic Arpin (ex-journaliste de TVA devenu animateur de l'émission *Vlog*, avec Geneviève Borne) et Patrick Lagacé (chroniqueur à *La Presse*) ont parlé de lui dans leur carnet respectif. Les verbes « Arpingler » et « Lagacérer » sont ainsi nés[26].

---

26. Michel Leblanc. *Lemeuriser ou Arpingler* [http://www.michelleblanc.com/2006/10/12/lemeuriser-ou-arpingler].

Surfer sur l'actualité

Sauf exception, l'information qu'on retrouve dans ces blogues médiatiques est cependant rarement de première main. Les journalistes et chroniqueurs qui les animent y consacrent beaucoup d'énergie, mais leur tâche première reste d'écrire pour le journal ou la publication qui les a embauchés. Les entrevues exclusives et les *scoops* qu'ils obtiennent se retrouvent donc «dans le papier» ou au téléjournal.

Dans les salles de rédaction, les blogues sont en fait davantage perçus comme une plateforme permettant de donner une seconde vie à de bonnes histoires, en proposant un commentaire original. Dans d'autres cas, les journalistes s'en servent pour parler de sujets plus pointus, sur lesquels ils n'ont pas le temps de plancher à fond. Multiplier les coups de fil, lire des documents, se déplacer pour prendre une photo ou des images prend beaucoup, beaucoup de temps. Grâce à deux ou trois hyperliens, les blogueurs médiatiques peuvent «reprendre» en quelques minutes une histoire qui les intéresse et risque d'intéresser leurs lecteurs. Pas, ou peu, d'entrevues. Juste un résumé permettant au lecteur d'aller directement à la source originale de l'information, souvent accompagné d'un commentaire personnel. Le concept plaît, tant aux lecteurs qu'aux journalistes blogueurs, qui y voient une façon idéale de diffuser l'*overflow* d'informations intéressantes qu'ils ont amassées en cours de journée.

Nous verrons plus loin que cette conception des blogues est en train de changer au sein des entreprises de presse, qu'elles soient québécoises, canadiennes, américaines ou européennes. Mais, dans la plupart des cas, il reste que les blogues médiatiques *surfent* sur l'actualité, à l'image de milliers d'autres blogues qui peuplent la blogosphère. La différence, c'est qu'ils le font généralement avec une longueur d'avance sur les blogueurs «amateurs», dont le travail, contrairement aux journalistes professionnels et chroniqueurs vedettes, ne consiste pas à faire une revue de presse quotidienne des sites Web, journaux et magazines qui couvrent leurs champs d'expertise.

Les blogues citoyens comme
source d'information

Difficile, dans ce contexte, pour le blogueur *lambda* de s'illustrer contre des machines de presse capables de mousser la popularité de leurs blogueurs maison en les médiatisant à la télé, à la radio et dans les journaux.

Difficile, mais pas impossible, bien au contraire. Car un nombre grandissant de journalistes, toujours à la recherche de nouvelles sources d'information, lisent des dizaines de blogues par jour. Cela fait partie d'une routine quotidienne incontournable. Ils font d'ailleurs de plus en plus référence aux blogues qu'ils consultent dans leurs articles et topos. Des pans entiers de billets sont cités *in extenso*, mot à mot, sans même que l'auteur ait été contacté par un journaliste pour obtenir plus de précisions.

Selon une recherche non exhaustive faite dans les archives de la presse québécoise grâce au site de veille d'actualité Eureka.cc, propriété CEDROM-Sni, à peine 24 articles publiés en 2004 ont fait directement référence à des blogues. En 2007, sur une période de six mois seulement, allant du 1er janvier au 1er juillet 2007, il y en a eu plus de 230. C'est l'explosion. Les blogues ne sont plus de vulgaires sites de commentaires. Ils sont désormais de la matière brute à « faire de la nouvelle ». Le blogue de Kimveer Gill, le tireur fou du collège Dawson, hébergé sur le portail VampireFreaks.com, est à ce titre un exemple éloquent. En tombant dessus, les journalistes s'en sont largement servis pour décrire la personnalité morbide du désaxé. Sordide, mais efficace.

Pendant la campagne électorale provinciale de 2007, les journalistes Philippe Schnobb et Sophie-Hélène Lebeuf, de Radio-Canada, animaient chaque jour sur les ondes de RDI une capsule d'information sur les stratégies électorales en ligne des partis dans la course. Régulièrement, ils présentaient en ondes les commentaires de blogueurs politiques jusque-là inconnus des médias.

Inévitablement, l'affluence sur ces blogues grimpait en flèche dans les minutes suivantes.

Les propos d'un certain MisterP, ou Pierre Morin, blogueur adéquiste proche des hautes sphères du parti de Mario Dumont, a aussi connu ses heures de gloire. Presque quotidiennement, les propos sarcastiques et cyniques de ses billets dévastateurs contre l'ancien chef péquiste André Boisclair et le chef libéral Jean Charest ont trouvé écho dans les grands médias. Hyperactif, MisterP pouvait pondre facilement une demi-douzaine de billets par jour, toujours basés sur les nouvelles politiques les plus fraîches. L'oiseau est ainsi devenu un acteur clé de la campagne adéquiste. Il est depuis disparu de la blogosphère, son nouvel emploi de conseiller politique au troisième vice-président de l'Assemblée nationale l'empêchant de poursuivre son œuvre...

Le cas de DemocraticSpace.com

Le blogue DemocraticSpace.com, totalement absent de l'écran radar des médias d'information avant les élections de 2007, a aussi connu un succès monstre pendant la campagne électorale. Son auteur, Greg Morrow, un étudiant au doctorat à l'école d'Affaires publiques de l'Université de la Californie à Los Angeles (UCLA), y proposait régulièrement une projection des résultats, circonscription par circonscription, basée sur un calcul scientifique de son propre cru, obtenu à l'aide des derniers sondages nationaux. Pas moins de 15 articles de journaux ont été consacrés à ce blogue pendant la campagne, en plus de références nombreuses à la télé et à la radio. Les médias n'étaient pas seuls à s'y intéresser ; les partis politiques y gardaient constamment un œil, selon des sources consultées au sein de l'ADQ, du PQ et du PLQ. Les projections de Greg Morrow ont été prises très au sérieux, au point où plusieurs journalistes de *La Presse* (dont l'auteur de ces lignes) s'en sont servis pour faire leurs prédictions dans le cadre d'un *pool* électoral amical !

L'influence des blogueurs politiques

Bon nombre de blogues politiques sont aussi consultés religieusement par les chroniqueurs de la colline parlementaire, à Ottawa. Celui de Warren Kinsella, ancien conseiller de Jean Chrétien, *spin doctor* libéral et chroniqueur au *National Post* (bien que son blogue ne soit pas affilié au journal), est cité comme un incontournable par les membres de la Tribune de la presse parlementaire canadienne. En janvier 2006, le magazine *Hill Times*[27] l'a consacré deuxième meilleur blogue d'analyse politique à Ottawa, tout juste derrière celui du chroniqueur Paul Wells, du magazine *MacLeans*.

Les Blogging Tories, un regroupement de 300 blogues conservateurs qui se targuent de rejoindre collectivement plus de 30 000 lecteurs par jour, est encore plus éloquent. Son fondateur, Stephen Taylor, un biochimiste qui a obtenu la troisième place dans le classement du *Hill Times*, a la réputation d'avoir d'excellentes entrées dans les officines du pouvoir à Ottawa. On lui doit des dizaines de *scoops,* qui ont inévitablement été repris par des médias traditionnels. Son plus récent, traitant de l'interdiction pour les employés du bureau du premier ministre d'avoir un profil sur le site de réseautage social FaceBook, a fait le tour du Canada.

Pendant la commission Gomery, sur le scandale des commandites, c'est aussi grâce aux Blogging Tories que les Canadiens ont pu prendre connaissance du témoignage dévastateur de Jean Brault, ex-président de Groupaction. On se souviendra qu'un interdit de publication empêchait les médias traditionnels d'évoquer le contenu de son témoignage. Le blogue américain Captain's Quarters, membre des Blogging Tories, mais non soumis à l'injonction du juge Gomery, ne s'était pas gêné pour dévoiler les révélations du publiciste[28]. Sans

---

27. *The Hill Times*, Chris Mason, «Campaing blogs "real authentic voice" and could be the future of politicking», says Conservative candidate Turner, 16 janvier 2006.

28. Captain's Quarters. *Canada's Corruption Scandal Breaks Wide Open*, 2 avril 2005 [http://www.captainsquartersblog.com/mt/archives/004220.php].

tarder, comme une machine bien huilée, les autres membres du collectif ont créé des hyperliens vers les « Quartiers du Capitaine » rendant du coup cette « fuite » hautement publique.

Une ligne de démarcation floue, l'exemple de Rue89

Bien sûr, les médias traditionnels sont prompts à réagir devant de telles manifestations. Les blogues comme celui de Stephen Taylor et de Captain's Quarters ne sont pas soumis à des codes d'éthique clairs. Rien ne garantit aux lecteurs que les informations qu'on y trouve sont vérifiées et équilibrées, un principe cher aux médias traditionnels.

Mais cette absence de code d'éthique est de moins en moins un argument. Des modèles hybrides entre le blogue et le média d'information traditionnel existent. Huffington Post et Slate Magazine, deux publications Web américaines très populaires, en sont des exemples.

En France, le site d'information Rue89 est en train de faire disparaître cette ligne de démarcation. Créé par trois anciens correspondants à l'étranger du quotidien *Libération*, Rue89.com a été lancé le 6 mai 2007, jour du deuxième tour des élections présidentielles françaises. Deux mois plus tard, le site célébrait son millionième visiteur, score que son cofondateur, Pierre Haski, qui a été le correspondant de *Libération* à Pékin pendant cinq ans, ne pensait jamais atteindre en moins d'un an[29].

Le succès de Rue89 n'est pas étranger à un *scoop* qui a fait grand bruit dans la presse de l'Hexagone : Cécilia Sarkozy, la femme du président Nicolas Sarkozy, fraîchement élu, n'a pas voté au moment des élections présidentielles. Rue89 a révélé que le *Journal du*

---

29. Entrevue de fond réalisée avec Pierre Haski, le 10 juillet 2007, au moment de son passage à l'Université de Montréal pour une série de conférences à l'École d'été du Cérium.

dimanche le savait, mais son éditeur, proche du nouveau président, a censuré la nouvelle.

Le concept sur lequel est basé Rue89 semble répondre aux attentes de plusieurs internautes. On peut le résumer dans ce simple slogan: «L'info à trois voix: journalistes, experts, internautes». Des journalistes respectant rigoureusement les règles d'éthique de la profession écrivent des articles, dont le contenu est éminemment factuel, malgré l'utilisation du ton plus personnel du blogue; ceux qui connaissent bien le sujet – les experts – sont invités à ajouter des détails pertinents dans la section commentaires; les internautes agrémentent le tout de leurs opinions. Un système de votation permet de faire ressortir les commentaires les plus pertinents. Les journalistes doivent éviter les sujets couverts en long et en large par les médias traditionnels, à moins d'avoir un angle exclusif, et sont invités à consacrer au moins une heure par jour à faire de l'animation dans la section commentaires.

Les règles d'éthique journalistiques sont immuables et s'appliquent même aux blogues de citoyens hébergés par Rue89, dont celui animé quotidiennement par une employée en grève du fournisseur de téléphonie sans fil SFR, qui connaît un franc succès, ajoute Haski. «Les gens viennent chez nous parce qu'on leur garantit un *label* de qualité. Rue89 n'est pas un lieu pour la rumeur. En se branchant sur notre site, les internautes savent que l'info est aussi crédible que celle qu'on trouve sur le site du *Monde* ou de TF1».

Trois semaines après le lancement du site, ses responsables recevaient déjà des dizaines de coups de fil par jour d'attachés de presse et de relationnistes. Les éditeurs, toujours à la recherche de visibilité, ont aussi commencé à envoyer des bouquins et toutes sortes d'articles promotionnels. «Le site a été propulsé par sa crédibilité», croit Pierre Haski.

Bref, Rue89 propose rien de moins que de l'«information citoyenne professionnelle». Un concept visiblement populaire, qui n'a pas encore vu le jour au Québec. À qui reviendra l'honneur?

Quand les blogues deviennent des médias « main stream »

Pendant ce temps-là, aux États-Unis, on peut dire que la ligne de démarcation séparant les médias traditionnels et les blogues disparaît carrément, bien que très lentement : quelques blogues (une minorité) nés dans l'anonymat le plus complet sont devenus des sources d'information majeures extrêmement crédibles.

C'est notamment le cas du blogue TechCrunch, qui s'intéresse au Web 2.0 et aux *start-up* de la Sillicon Valley, en Californie. Le site créé en 2005 par Michael Arrington, un ancien avocat de 36 ans, est lu par plus de 1,5 million d'internautes. Selon CNN[30], ses revenus publicitaires avoisinent les 60 000 $ par mois... Pas mal, pour un site qui a démarré comme « un pur hobby », dixit son propriétaire, qui se désolait de ne trouver aucune source fiable et complète d'information à propos du nouveau *buzz* de la Sillicon Valley. Autre exemple : Boing Boing, un blogue *geekoculturel* écrit par quatre blogueurs, au ton amusant et au contenu souvent léger, voire simplement inutile. Ses revenus publicitaires sont estimés à plus d'un million de dollars par année. Le site figure depuis des mois dans le Top 5 du moteur de recherche spécialisé Technorati, qui répertorie les hyperliens entrants vers un site Web donné. Chaque jour, des centaines de blogues et sites d'information y font référence, dont NYTimes.com et WashingtonPost.com.

Les agences de syndication

Devant cette pénétration grandissante des blogues dans les contenus rédactionnels des médias traditionnels, des agences de syndication ont vu le jour aux États-Unis et en Grande-Bretagne. En s'affiliant à BlogBurst.com, par exemple, les blogueurs peuvent voir leurs billets être repris par le USAToday.com. Si, le site

---

30. CNNMoney.com. Paul Sloan et Paul Kaihla. « Business 2.0 : Blogging for dollars », 2 octobre 2006.

d'information met en ligne un article traitant du Tour de France, une demi-douzaine de liens vers des blogues traitant du même sujet sont proposés dans une case intitulée «Other voices from the Web». En Grande-Bretagne, le service Scoopt Words déniche parmi les écrits de ses membres affiliés les meilleurs billets sur une variété de sujets et les revend sous forme de dossier à des magazines spécialisés.

Dans les deux cas, ces services de syndication, lancés au printemps 2006, n'en sont qu'à leurs balbutiements. Mais les succès s'accumulent rapidement, malgré la résistance naturelle des grands médias d'information devant tout ce qui s'appelle «journalisme citoyen». Certains y verront une première brèche citoyenne dans un mur coupe-feu solidement érigé par des entreprises de presse millionnaires. Ils n'ont peut-être pas tort...

QUELQUES CONSEILS POUR FAIRE DE VOTRE BLOGUE UNE SOURCE D'INFORMATION

Spécialisez-vous.

Vous ne pouvez pas tout savoir. En vous concentrant sur un thème ou un secteur d'activité en particulier, vous vous assurerez d'être constamment à jour dans les connaissances que vous voulez transmettre.

Des faits, des faits et des faits.

C'est triste à dire, mais, à moins d'être une sommité dans votre domaine ou un polémiste remarquable, vos opinions sur la vie, la pluie et le beau temps n'intéressent personne. Présentez beaucoup de faits nouveaux, vrais et vérifiables. Faites découvrir à vos lecteurs des choses qu'ils ne connaissent pas. Et, si vous tenez à émettre vos opinions, arrangez-vous pour les faire passer au second plan.

Évitez de reprendre les histoires des gros médias.

Quand la presse, la radio, la télé et tous les sites d'information parlent d'un sujet, c'est que tout le monde est au courant. Pour vous démarquer, fouillez dans des sources moins populaires, mais crédibles. Le Web en regorge. Autre conseil : fouillez dans ces sites le soir, après 19 h, quand les journalistes des grands médias ont fini leur journée de travail. Vous tomberez inévitablement sur des merveilles qu'ils ont laissé passer.

Dépêchez-vous !

Au Québec, la durée de vie de l'actualité a dramatiquement chuté depuis 10 ans. Selon la firme Influence Communication, 85 % des nouvelles disparaissent de l'écran radar des médias après 24 heures. Seulement 10 % survivront plus de 72 heures. Alors, si vous voulez traiter d'un sujet d'actualité sur votre blogue, faites-le vite. N'attendez pas qu'il soit mort pour le faire.

Ne vous asseyez jamais sur un *scoop*.

Si vous êtes en possession d'une information privilégiée ou d'un document inédit, ne tardez pas à le rendre public sur votre blogue. Dites-vous que, si vous l'avez entre les mains, d'autres personnes l'ont. Même si vous n'avez pas le temps de pondre un chef-d'œuvre de billet, sortez votre histoire en vrac, en insistant sur les faits. Avec un peu de chance, les autres blogueurs et les médias traditionnels y feront référence avec mention de la source. Vous aurez alors tout le temps de mettre en forme vos idées.

Allez droit au but.

Les internautes ne lisent pas. Ils surfent. Vous avez 20 mots pour les accrocher. Trop de blabla et ils iront sur un des millions d'autres sites à portée de clics. Aussi, n'essayez pas de faire du style. Écrivez dans vos mots. En voulant trop bien écrire, les gens ont tendance à ajouter des adverbes et des adjectifs à profusion, ce qui rend la lecture fastidieuse. Choyez plutôt verbes et noms.

Choisissez des titres évocateurs.

Les lecteurs sont cruels. S'ils ne savent pas d'emblée de quoi vous parlez, ils ne mettront pas longtemps à cliquer. Si vous parlez, par exemple, du iPod, assurez-vous qu'il figure dans le titre.

Essayez d'attirer des spécialistes sur votre blogue.

Si une sommité laisse un commentaire sur votre blogue, répondez-lui dès que possible, relativement à ce qu'elle a écrit. Vous pouvez aussi lui envoyer un courriel pour établir un dialogue privé. Si cette personne vous juge compétent, elle vous mettra spontanément sur des pistes intéressantes. Les spécialistes adorent partager leurs connaissances avec des personnes qui en savent moins qu'eux.

BLOGUER POUR APPRENDRE

Mario Asselin

« Au cours de l'histoire, dans les entreprises, l'autorité circula toujours suivant une ligne hiérarchique stricte. Tout le monde était le subordonné de quelqu'un d'autre – employés par rapport aux managers, vendeurs par rapport aux consommateurs, producteurs par rapport aux distributeurs, entreprises par rapport aux communautés. Un homme ou une entreprise était toujours responsable, contrôlant les choses, au sommet de la chaîne alimentaire. Aujourd'hui, les hiérarchies ne sont pas en train de disparaître, mais de profonds changements technologiques, démographiques et économiques donnent naissance à un nouveau modèle de production reposant sur les communautés, la collaboration et l'auto-organisation plutôt que sur la hiérarchie et le contrôle[31]. »

Ce que je fais avec ce que j'apprends

Apprendre est un verbe d'action. Lire, écrire, écouter, parler, regarder, goûter, faire, etc., voilà autant de façons d'intégrer des

---

31. *Wikinomics*, Don Tapscott et Anthony D. Williams. Traduction de Thierry Crouzet, New York, Penguin, 2006.

connaissances. Et encore... Il faut aussi pouvoir développer l'habileté de s'en servir dans le bon contexte. Nous sommes tous à la recherche des meilleures stratégies pour intégrer des savoirs et devenir compétents.

Autrefois dépendants d'un nombre assez restreint de sources d'information, nous sommes maintenant envahis par l'abondance. Et, pourtant, « apprendre » demeure un des principaux enjeux de nos organisations. Trop souvent, nous avons appris à compter sur d'autres pour gérer nos apprentissages. D'aucuns appellent ça « la pédagogie du gavage »[32]. Au début, il y a eu les parents et la famille. Puis l'école et les amis. Les médias, les expériences de vie et notre conjoint ont aussi façonné nos façons personnelles de connaître et de nous adapter. Mais avons-nous pris conscience du mécanisme à partir duquel nous intégrons véritablement un apprentissage ?

Mon expérience m'a inculqué que ce que je ne nomme pas ne se transfert pas et risque de se perdre. J'ai beau lire, j'ai beau entendre... si je n'utilise pas ce que je viens « d'enregistrer », je le perds. Si je ne réinvestis pas dans la connaissance que je viens d'acquérir, à court terme, je n'apprends pas. Je dois me répéter, je dois utiliser, je dois reprendre... Ce qui fait dire à plusieurs que la meilleure façon d'apprendre, « c'est d'enseigner »[33].

Dans un contexte où chacun n'apprend pas les mêmes choses en même temps à la même vitesse, les outils qui permettent de différencier les apprentissages deviennent très importants. Le blogue est l'un d'eux. Bloguer, c'est avant tout reprendre ce qu'on vient de lire (on pourrait dire, voir, entendre, vivre...) et construire immédiatement avec. En bloguant avec des textes, des images, des extraits sonores ou des séquences vidéo, je reprends un élément de contenu et je lui donne la chance de se faire un chemin dans mon patrimoine d'apprentissage[34]. Regardons cela de plus près...

---

32. Expression chère à un grand pédagogue, le Français Philippe Meirieu.

33. On a tous entendu parler de cette règle qui dit qu'on ne retient que 10 % de ce qu'on lit, 30 % de ce que l'on voit... et 90 % de ce qu'on enseigne.

34. Mon propre patrimoine se retrouve dans mon portfolio électronique.

Tenir pignon
sur Web

Je possède un espace Web avec lequel je peux publier du contenu facilement et qui me permet d'entrer rapidement en conversation avec les autres sans être interrompu. Je peux classer ce contenu selon la date où je l'ai publié, dans une catégorie ou une thématique qui m'est familière. Je garde ainsi une trace de ce qui est important, mais, encore mieux, j'entreprends une conversation sur cette base. D'abord, avec moi-même. Parce que je nomme ce que je viens d'apprendre, parce que je prends le temps de formuler ce que je viens d'approfondir, j'ai la chance de mieux apprécier les répercussions de cette nouvelle connaissance dans la construction de ma pensée. Ensuite, parce que je publie ce contenu (ou ma réaction à ce contenu), je me place dans un contexte où d'autres peuvent venir compléter ma pensée ou m'amener dans une autre direction.

D'autres que moi expliqueront davantage les vertus du référencement et de l'indexation. Dans ce livre, la puissance entourant les mécanismes de la syndication du contenu vous est racontée à chaque chapitre. Ce qui permet à un blogueur d'ajouter de la valeur à sa contribution personnelle réside moins dans l'ordre qu'il met dans ce qu'il découvre que dans l'amplitude de ce qu'il intègre par la conversation et le dialogue. Les jeunes blogueurs avec qui je travaille depuis cinq ans ont été les premiers à me sensibiliser à cette question. Faire son travail pour son professeur n'est pas vilain, mais savoir que ce même travail peut être lu par sa famille, ses voisins et la planète entière ne donne absolument pas la même perspective à ce qu'on apprend de son travail... Combien de fois ai-je entendu des jeunes me dire : «Je veux être fier de l'image que les gens vont se faire de moi à partir de ce sur quoi je blogue ; je suis motivé parce que je sais que je peux être lu. » De là à penser que «je blogue, donc je suis», il n'y a qu'un pas que je me garderai de franchir... pour l'instant !

Qui blogue et pour apprendre quoi ?

Parmi les premiers à bloguer, plusieurs journalistes se sont emparés de «la bête»... Las de ne pouvoir «faire apprendre» totalement avec ce qu'ils savaient au moyen des médias pour lesquels ils travaillaient, plusieurs ont tenu des blogues, en particulier pendant la période de la guerre en Irak[35]. Parler des vraies affaires, aller au fond des choses devenait fascinant, mais, encore davantage, le contact avec les lecteurs modifiait la perspective des journalistes-citoyens. Ils avaient tout à coup des *feedbacks* immédiats à partir du contenu publié. Des professionnels s'y sont mis : avocats, politiciens, éducateurs, artistes et, bien entendu, des spécialistes des nouvelles technologies. Pour diffuser autrement leurs trouvailles, certes, mais pour entrer en conversation avec leurs pairs et avec des gens qui devenaient souvent des collaborateurs du moment. Je m'y suis mis en septembre 2002, à titre de directeur d'école. Et ce que j'ai appris est fascinant...

Le fait d'être en lien constant avec des gens qui partagent certains intérêts communs permet un accès à de l'information de pointe dans votre domaine. Partager une trouvaille vous en ramène d'autres, sans compter que le questionnement des autres sur ces trouvailles vous permet d'aller beaucoup plus loin. Le temps pris à colliger l'information est largement compensé par le temps économisé à pouvoir la retrouver au moment désiré et est bonifié par l'apport des autres qui ont ajouté leurs critiques ou leurs expériences à partir de cette même trouvaille. L'isolement caractéristique des professionnels est remplacé par l'appartenance à une communauté de praticiens, ce qui propulse le développement professionnel vers des limites jamais explorées.

Je suis encouragé par mon blogue à résumer le livre que j'ai lu, autant par l'approfondissement que j'en tire que par les réflexions

---

35. L'histoire du blogue «Where is Raed» est assez éloquente à ce sujet. Sous le pseudonyme de «Salam Pax», le personnage a tenu un blogue précurseur pendant la guerre en Irak. Plus de détails dans Wikipédia.

de ceux qui l'ont lu. Je prends le temps d'objectiver ce que je vis dans ma pratique parce que j'apprends de mes bons coups et de mes erreurs en les partageant, d'autant plus que, souvent, les questions ou relances de mes lecteurs viennent approfondir mon témoignage. Je publie mes expériences, je raconte mes interventions (en préservant la confidentialité des personnes touchées) et je partage mes réflexions parce que ces exercices améliorent mon rendement, tout autant qu'ils me proposent des avenues pour mieux réussir là où les défis m'appellent.

Même quand je rencontre de l'opposition, j'apprends. C'est une des plus grandes découvertes de la pratique du blogue que d'apprendre à échanger des points de vue divergents. Vous avez le temps de penser à ce que vous voulez dire, vous pouvez relire plusieurs fois l'argument des autres, si le cœur vous en dit, et surtout vous réalisez l'ampleur de vos convictions et mesurez l'espace qui vous sépare d'un compromis à faire, d'une position à nuancer, d'un geste intempestif à éviter. Sur un blogue, vos meilleurs guides deviennent souvent les gens qui vous contestent le plus. À condition de vous engager dans la conversation muni d'une politique éditoriale claire et d'une « netétiquette » affichée[36].

Apprendre, savoir apprendre et entreprendre

Quand je regarde comment le blogue me permet d'apprendre, je réalise souvent que ce sont les risques que je prends qui portent des fruits. « Réfléchir tout haut » devant une foule d'individus qui expriment parfois leurs réactions et peuvent mettre le doigt sur certaines de vos incohérences est un exercice périlleux, mais extrêmement formateur. En affaires, comme dans bien des domaines, on imagine (trop) souvent que les conséquences négatives l'emportent

---

36. Ce mot renvoie à des attitudes et à des comportements respectueux des personnes et des idées. Sur les blogues, comme ailleurs en public, vous avez des droits et des devoirs. Ma politique éditoriale de blogueur peut servir de guide pour en savoir davantage...

quand vient le temps de soupeser les risques de mettre le pied à côté de la ligne. C'est exactement l'inverse sur un blogue. Comment anticiper les conséquences d'un geste posé, d'une parole dite ? Stephen Downes raconte sur son blogue qu'il est bien possible que « l'école ne vous enseigne pas les dix clés dont vous avez vraiment besoin pour avoir du succès en affaires », comme dans bien d'autres domaines, et savoir anticiper serait l'une d'elles[37]...

J'étais directeur d'une école privée dans un quartier bien en vue de Québec. Mon école disposait d'une clientèle abondante qui était formée de parents animés d'un fort sentiment d'appartenance à l'institution. L'idée de voir apparaître sur les sites Web de l'école des fautes d'orthographe (du directeur autant que des élèves) ne cadrait absolument pas avec les standards de la maison. L'arrivée de la réforme de l'éducation, qui n'avait pas bonne presse, coïncidait avec l'implantation d'un nouveau programme pour « les plus vieux » du primaire, où chaque élève disposait d'un ordinateur portable pour apprendre. Je m'étais dit qu'il fallait que je m'administre ma propre médecine (celle des blogues) si je voulais demeurer crédible auprès des parents et des professeurs à qui je « vendais » l'idée qu'un des principaux leviers de cette nouvelle « cyberpédagogie »[38] était la pratique carnetière sur le Web.

J'ai été agréablement surpris dès le départ de la courtoisie avec laquelle les gens ont pointé mes défaillances. En reconnaissant qu'il y avait de l'audace dans le fait d'exposer ainsi, candidement, ses forces et ses faiblesses, les gens que je rencontrais sur le Web autant que dans les corridors étaient moins préoccupés par les fautes et les imperfections qu'intrigués par mes propositions pour les corriger. Et je ne parle pas de l'impact d'avoir accès à plusieurs de mes réflexions... Autrement dit, sur un blogue, la sincérité avec

---

37. En réaction aux « Ten Things to Learn This School Year » d'un des blogueurs d'affaires les plus réputés, Guy Kawasaki, Stephen Downes a produit sa propre liste qui me paraît, à moi aussi, bien plus utile...

38. L'expérience d'apprendre par des outils virtuels et en évolution peut aussi être caractérisée par le vocable « éducation 2.0 » ou encore l'expérience d'un nouveau paradigme, celui de l'apprentissage en opposition à l'ancien, celui de l'enseignement. Sur ce sujet, le site suivant [http://educationdeuxpointzero.wikispaces. com/], découlant d'une « non-conférence » qui se prépare au moment d'écrire ce livre, pourrait s'avérer utile et instructif.

laquelle vous vous engagez à corriger ce qui ne marche pas importe davantage que le souci de ne rien laisser paraître de vos imperfections. Les 40 jeunes avec qui je vivais cette expérience[39] me faisaient remarquer la même chose : « Les gens sont gentils, mais il faudrait peut-être qu'ils en reviennent un peu de nos fautes. Comment veulent-ils qu'on apprenne si on ne peut pas faire d'erreur ? »

La pression était forte en octobre 2003 dans mon bureau. Mon blogue m'a bien servi par les nombreux dialogues qui me guidaient dans le chemin à fréquenter. Je me suis même pris au jeu en classe. C'est en dialoguant avec les élèves que je me suis laissé conduire vers un système d'icônes que les jeunes voulaient que j'invente. « Quand on mettra "Texte de qualité", les gens nous parleront de nos fautes, mais, si on met "Texte en construction", les gens comprendront que notre travail n'est pas fini et qu'ils doivent nous parler d'autres choses que des fautes... » L'essentiel était là. Comprendre que c'est en écrivant qu'on devient meilleur écrivain, que c'est en lisant qu'on devient meilleur lecteur. Ça s'est passé comme ça pour moi aussi. Le blogue m'a fourni l'encadrement pour développer un talent que je ne me connaissais pas. En plus, autant avec les élèves qu'avec les parents ou les membres du personnel, je ne compte pas le nombre de conversations qui découlaient de ce qui était écrit sur nos blogues. La communauté d'apprentissage était en train de se bâtir...

Se produire en public est un puissant stimulant dans l'apprentissage des sports et de la musique. Avez-vous déjà entendu une jeune fille jouer du violon après quelques leçons où l'enseignante a jugé qu'il était temps de se produire devant un public pour apprendre de ses erreurs ? C'est pénible, mais chacun comprend que c'est une phase nécessaire... Bloguer en décrivant simplement le contexte de ses apprentissages fournira la même marge de manœuvre qu'à cette violoniste en devenir. On voudra de vous de la sincérité, des améliorations et beaucoup d'efforts, mais on sera prêt à vous pardonner vos fausses notes si on reconnaît dans votre ton une

---

39. On parle ici des jeunes de la classe « Carrière » de l'Institut Saint-Joseph de Québec. Voir les billets des mois d'automne de l'année scolaire 2003 de ce blogue.

harmonique prometteuse... Entreprendre de bloguer, c'est se donner la chance de se produire en public. C'est s'exposer à se faire lancer des tomates, mais c'est surtout prendre le risque de se laisser influencer par les autres. S'ils sont silencieux la plupart du temps, on apprend rapidement à reconnaître leur présence et on les oublie un peu pour se concentrer sur soi-même et plonger dans ce qu'on peut faire de mieux. Il arrive aussi au terme d'une performance hors de l'ordinaire que les applaudissements fusent... à ce moment, les commentaires abondent !

Exister en affaires et apprendre au 21ᵉ siècle

Plusieurs facettes du joyeux monde des affaires commandent un ajustement dans le contexte de la globalisation des marchés et du développement des nouvelles technologies. Il faut apprendre constamment pour demeurer compétitif. Et cette capacité d'apprentissage doit être sollicitée sans relâche. Maintenant que le contenu est partout, on ne doit pas se fier à la formation continue pour pouvoir y avoir accès. On doit être positionné pour qu'il nous arrive, pour qu'on l'attire. C'est ce qu'un blogue d'affaires fait.

Sous forme de portfolio électronique, le blogue d'affaires nomme les sujets d'expertise que possède l'entreprise ou l'institution. En affichant sur le Web le maximum de compétences, deux phénomènes risquent de frapper le nouveau blogueur. Les gens (vos clients et vos coopétiteurs[40] vont vous reconnaître dans votre marché et ils vont ajouter à votre valeur leurs expertises. L'ancien réflexe qui consistait à taire ses forces pour ne pas se les faire piquer est remplacé par une propension à nommer autant ses réussites que le processus par lequel elles sont survenues. Il arrive même qu'en documentant un passage à vide on récolte une valeur ajoutée de par la sincérité de son engagement et sa transparence.

---

40. J'ai développé cette notion de « coopétition » dans un billet sur mon blogue en compagnie d'un collègue, Martin Bérubé.

Le portfolio électronique des entreprises sur un blogue permet de positionner leur patrimoine, mais permet aussi d'attirer les meilleurs candidats dans un contexte de rareté de main-d'œuvre annoncée. En matière de recrutement, le blogue change complètement la donne. Davantage qu'un curriculum évolué, le blogue dans une logique de ePortfolio vient affirmer l'identité virtuelle d'un individu. Qui n'a pas «googlisé» un individu pour tomber sur quelques liens épars qui donnent un portrait bien incomplet d'une personne? Un blogueur attentif à son ePortfolio contrôle son identité sur La Toile en regroupant tout ce qu'une entreprise recherche[41]:

- «What?» (Les traces d'apprentissage que j'ai accumulées au fil du temps): c'est mon blogue;
- «So What?»: (Montre de mes acquis au moment où j'en suis): ce sont mes compétences démontrées;
- «Now What?» (Mes objectifs de carrière): ce sont mes défis.

Pas étonnant que l'État du Minnesota[42] au complet s'y soit mis et qu'à l'échelle européenne l'opération soit déjà bien enclenchée[43]. Au Canada, il y a aussi de belles initiatives, comme le démontrent les travaux d'un des pionniers des portfolios électroniques au Québec, Robert Bibeau[44].

Bloguer au masculin pluriel

Combien de fois ai-je entendu de la part des membres de la gent féminine qu'ils aimeraient bien que leurs hommes extériorisent un peu plus leurs sentiments? Sans nécessairement dire qu'en affaires parler de ses émotions représente un gage de succès, force est d'admettre que les hommes ne sont pas réputés pour avoir

---

41. Ces règles sont inspirées des travaux de Helen Barrett, une chercheuse américaine spécialisée dans le déploiement des portfolios centrés sur l'apprentissage.

42. L'initiative porte le nom «d'eFolio Minnesota» et s'adresse à tous les citoyens de l'État.

43. La société EifEL coordonne l'initiative «Protocole d'Accord Europortfolio: ePortfolio pour tous» en Europe.

44. Robert Bibeau travaille au ministère de l'Éducation, du Loisir et du Sport et possède de nombreux liens sur le domaine du ePortfolio.

beaucoup de mots quand vient le temps de nommer quelque chose qui passe de travers ou qui, à l'inverse, leur procure un grand bonheur. Curieusement, sur les blogues, plusieurs hommes trouvent les mots pour s'exprimer.

En interrogeant quelques adolescents et jeunes adultes, je me suis rendu compte que la désinhibition sur le Web sert beaucoup la cause masculine. Particulièrement sensibles aux réactions non verbales des interlocuteurs en conversation face-à-face, les hommes affirment pouvoir aller au bout de ce qu'ils ont à dire sur leur blogue, «sans être interrompus», ce qui n'est pas négligeable... Autre phénomène observé : la reconnaissance sociale ! Devenir «the talk of the town», sortir l'histoire qui fait jaser ou, tout simplement, être bien perçu de ses clients ou de ses employés est aussi un puissant levier d'écriture (et de réussite) chez l'Homo erectus[45], qui, avouons-le, vit souvent dans les yeux des gens qui l'entourent. Enfin, un autre avantage pour l'homme d'affaires qui blogue est celui de se centrer un peu plus sur «comment il fait les choses». Réputées pour ne se concentrer que sur les résultats, plusieurs femmes réussissent bien en affaires en se préoccupant du processus, du «comment elles procèdent» et, avouons-le, en tant qu'homme, la période actuelle est propice à une meilleure prise de conscience des éléments qui expliquent nos réussites ou nos échecs. Bloguer, c'est se donner le temps de porter une attention plus soignée au processus, ce qui ne peut qu'enrichir «son homme», plus réceptif que jamais à intégrer certaines valeurs plus reconnues comme étant l'apanage de l'univers féminin...

On a tous le même âge, mais pas en même temps

Les jeunes natifs du numérique qui envahiront bientôt le marché du travail connaissent déjà les vertus de la pratique carnetière ou

---

45. On dit de l'Homo erectus qu'il a été le «premier être terrestre à avoir domestiqué le feu». C'est dans ce contexte que l'expression est utilisée...

de la publication Web en général. Les immigrants que nous sommes font apprendre à ces jeunes avec «leur accent», puisque c'est ce qui caractérise notre «état» de personnes arrivant dans cet univers du Web 2.0. Pourquoi ne pas prendre les devants et commencer l'expérience d'utilisation du blogue pour apprendre? Un grand sage[46] qui a eu beaucoup d'influence dans ma pratique d'éducateur avait l'habitude de dire que «le premier défi de celui qui fait apprendre est de faire naître l'enthousiasme» et je crois que notre ascendant d'adulte qui aura à former cette jeunesse qui joindra le marché sous peu nous commande de semer cet élan nécessaire autant en affaires que dans les autres domaines.

Nous avons le choix. Être en réaction face aux jeunes qui, déjà, intègreront dans leurs gestes quotidiens le partage et la réflexion sur les blogues ou être proactifs et utiliser ces moyens modernes de communication et de collaboration. La compagnie IBM regroupe à l'interne:
- 26 000 blogueurs;
- 20 000 wikis utilisés par 100 000 usagers;
- un réseau social tissé serré par 400 000 employés et employées à temps partiel et à temps plein;
- 50 îles achetées dans Second Life[47].

Plusieurs blogueurs qui utilisent ces outils dans le monde entier pour apprendre et faire apprendre vous le diront... La connaissance est maintenant partout. Pourquoi vouloir jouer à celui qui la possède et par qui tout doit passer? Les gens d'affaires de demain (hommes et femmes) seront ceux qui sauront s'entourer de gens connectés et intégrés dans de multiples réseaux, formant ainsi une vaste communauté d'apprentissage!

---

46. La personne en question se nomme Thomas De Koninck et cette citation représente bien l'esprit de son livre *Philosophie de l'éducation – Essai sur le devenir humain*, publié aux Presses Universitaires de France.

47. Ces renseignements proviennent du billet de Tom Werner, «Social Networking at IBM» du Brandon Hall Research et du *Wall Street Journal*, du 18 juin 2007.

BLOGUER POUR SE DÉFINIR

Sylvain Carle

Ce chapitre est un essai sur la construction de votre identité numérique (sur le réseau) au moyen de votre blogue. La parabole de la grenouille dans la vallée est une version courte du texte, manuscrit imprimé oblige (je ne suis pas habitué à ça)! La version longue est de toute évidence accessible sur mon blogue à l'adresse http://www.afroginthevalley.com/fr/bloguer-pour-se-definir/.

Il était une fois une grenouille dans la vallée

Jadis, dans un passé fort, fort lointain, à l'époque où Internet n'était pas encore utilisé par ma mère pour m'envoyer des photos de mes enfants, à l'ère où même le fait d'avoir un ordinateur à la maison n'était pas chose commune, je fus contaminé par le virus de la communication en réseau. Dans notre domicile de banlieue sud des années quatre-vingt, le mot « nerd » n'avait pas encore fait son apparition officielle dans le dictionnaire, mais quelques spécimens bien vivants étaient déjà en pleine croissance... Après quelques générations d'ordinateurs maison, une pièce d'équipement cruciale faisait son entrée dans l'enclos des périphériques : le modem.

LE MODEM : UN ARTICLE DE WIKIPÉDIA, L'ENCYCLOPÉDIE LIBRE

Le modem (mot-valise de modulateur-démodulateur) est un périphérique servant à communiquer avec des utilisateurs distants. Il permet par exemple d'échanger (envoi/réception) des fichiers, des fax, de se connecter à Internet, d'échanger des e-mails. [...] Techniquement, l'appareil sert à convertir les données numériques de l'ordinateur en données analogiques transmissibles par une ligne de téléphone classique et réciproquement [http://fr.wikipedia.org/wiki/Modem].

Un peu sèche comme définition. J'aurais plutôt écrit : « Le modem est un appendice technicomagistique qui permet (après certaines invocations appropriées) d'entrer en contact avec l'au-delà cybernétique, qui s'avère peuplé d'individus tous plus intéressants les uns que les autres. » Le formalisme de ma définition peut laisser à désirer, mais je me devais d'insuffler un peu de magie dans cet acte de connexion viscérale à l'univers hyperlié, à ce geste de connexion fondamentale aux autres et à soi. Il y eut l'époque avant le modem et l'époque après le modem. Ce moment historique fut telle la découverte Kubrickienne d'un monolithe noir dans 2001 : L'Odyssée de l'espace, un événement des plus marquants. Arthur C. Clark, auteur du livre dont est tiré le film, est aussi un de mes auteurs préférés et père de la citation qui explique le mieux ma fascination mystique (c'est une traduction libre) : « Toute technologie suffisamment avancée est impossible à distinguer de la magie. » Voilà, vous comprenez mieux maintenant.

A Frog in the Valley est né en octobre 2000. Je dois vous dire que je n'avais absolument aucune idée de ce dans quoi je m'embarquais le premier jour où j'ai commencé à publier mes hyperliens et opinions sur Internet. Et je crois que ce fut une bonne chose. Je n'avais pas d'attentes précises à ce moment, pas moyen d'être déçu... Mon blogue A Frog in the Valley a été créé en Californie, dans la Silicon Valley, afin de partager mes trouvailles techniques, mais, surtout, pour rester en contact avec quelques amis à Montréal et écrire au sujet de la technologie en français.

Ce qui est arrivé par la suite me surprend encore aujourd'hui... Non seulement j'ai pu garder contact avec mes amis, mais j'ai rencontré des gens vraiment essentiels pour ma carrière grâce à mon blogue, des inconnus du réseau au début, des voisins de blogue du Québec, de France, des États-Unis... Certains sont devenus de bons amis. À ce jour, j'en suis encore à apprendre et mon blogue fait maintenant partie du cœur de mon identité professionnelle. En presque sept ans, j'ai changé de travail à quatre ou cinq reprises, mais les gens peuvent toujours me retrouver avec mes opinions au www.afrogin-thevalley.com. À l'ère de la mobilité, mon blogue demeure un point d'ancrage professionnel et personnel.

Au commencement était le verbe

La parole. Les mots, en tout cas. La plupart des gens qui bloguent aujourd'hui peuvent assez facilement attribuer la naissance de leur propre petit coin de cyberespace à un blogue en particulier ou à un individu qui leur aura donné le coup de pied au derrière nécessaire pour qu'ils se jettent en bas du nid. Ainsi, avant d'écrire, il faut lire. Lire des blogues. Pour ma part, le premier blogue que j'ai lu assidûment (plusieurs fois par jour!) était celui de Dave Winer de www.scripting.com, qui en plus d'être une source incroyable de liens et d'idées technologiques était aussi le blogue d'un des premiers créateurs d'outils spécifiquement adaptés à cette pratique émergente, nommée encore à l'époque : weblog.

Le petit déclic, l'étincelle qui fait démarrer votre blogue, elle surgit au sein de l'expérience du blogue. Du contact avec son auteur. Au commencement était le Blogue, et le Blogue était de son Auteur, et le Blogue était son Auteur. C'est la première loi immuable du blogue selon Sainte-Grenouille-dans-la-Vallée. Un blogue est son auteur.

On n'écrit pas un blogue de manière objective. On peut tenter de le faire, mais ce blogue sera sans âme, sans lecteurs et sans intérêt. En fait, j'ai bien beau me réclamer des lois immuables du blogue, je devrais quand même attribuer ma propre épiphanie au quadrumvirat des auteurs du Cluetrain Manifesto. Si vous ne connaissez pas le Cluetrain Manifesto, arrêtez toute de suite la lecture de ce livre et allez le lire. On va même commencer à basculer dans le monde des affaires avec ces quelques thèses (Ah, enfin, vous dites, il était temps!).

LES 12 THÈSES INITIALES DU CLUETRAIN MANIFESTO

Tiré de http://www.cluetrain.com/manifeste.html

1. Les marchés sont des conversations.

2. Les marchés sont constitués d'êtres humains, non de secteurs démographiques.

3. Les conversations entre humains sonnent de façon humaine. Elles sont menées sur un ton humain.

4. Que ce soit pour discuter d'information, d'opinions, de perspectives, d'arguments opposés ou humoristiques, la voix humaine est typiquement ouverte, normale, et naturelle.

5. Les gens se reconnaissent entre eux grâce au son même d'une telle voix.

6. Internet permet des conversations entre êtres humains qui étaient tout simplement impossibles à l'ère des médias de masse.

7. Les hyperliens renversent la hiérarchie.

8. Au sein des marchés interconnectés, et des employés intraconnectés, les gens se parlent entre eux d'une puissante nouvelle façon.

9. Ces conversations en réseau permettent à de puissantes nouvelles formes d'organisation sociale et d'échange de connaissances d'émerger.

10. Résultat, les marchés deviennent plus intelligents, plus informés, plus organisés. La participation à un marché en réseau change les gens fondamentalement.

11. Les personnes dans un marché en réseau ont compris qu'elles obtiennent des informations et une aide bien meilleures les unes des autres que des vendeurs. Autant pour la rhétorique corporatiste que pour ce qui est d'ajouter de la valeur à des produits de base.

12. Il n'y a pas de secrets. Les marchés connectés en savent plus que les entreprises sur leurs propres produits. Et que ce qu'ils découvrent soit bon ou mauvais, ils le répètent à tout le monde.

À l'ère des individus en réseau, les blogues sont en émergence précisément parce qu'ils supportent les activités principales des individus en réseau: lire, réfléchir, échanger, apprendre, partager. S'exposer, risquer, explorer, se questionner, élargir ses horizons. Les blogues permettent d'investir dans la richesse intellectuelle du siècle présent: le capital social. Et, pour les grandes entreprises, ils offrent enfin un visage humain crédible et personnel. Cet étrange mélange de vie professionnelle et personnelle, cet éclectique cocktail d'opinions et d'hyperliens, pourquoi pas? Au moment de votre dernier rendez-vous d'affaires, n'avez-vous parlé que de votre offre de services? Comment avez-vous cassé la glace? De quoi avez-vous parlé au café après le lunch, une fois les affaires conclues? De vous! C'est normal, c'est social, c'est même poli de le faire.

Ces intersections de conversation, ces incursions en surface des gens que nous croisons quotidiennement, les conseils demandés amicalement sont le tissu social qui permet les affaires. Plusieurs vous le diront, en affaires, «qui tu connais» est aussi important que «ce que tu connais». Les blogues offrent cette possibilité de «connaître» plus de gens, de milieux. Imaginez ces conversations multipliées par 10, 100, 10 000, 1 000 000, archivées, interreliées, référencées, commentées... C'est ça l'univers des blogues. C'est le réseau social le plus riche de l'histoire et aussi le plus ouvert.

Le processus de la construction de l'identité en réseau

Votre identité sur Internet se définit principalement par votre blogue. Si la première loi est vraie, un blogue est son auteur, la seconde est un corollaire direct et implicite : un auteur est son blogue. Allons-y de quelques nuances avant de poursuivre...

Un blogue n'est qu'une représentation partielle d'un individu. En fait, le blogue contient ce que son auteur décide d'y publier explicitement. Mais, pour un lecteur qui ne connaît l'auteur que par son blogue, la représentation complète de ce qu'est l'auteur est nécessairement construite à partir de ce que celui-ci partage, de son ton et de ses interventions. À cette dimension s'ajoute l'interprétation du lecteur de tout ce qui est implicite plutôt qu'explicite. Ceci amène une réalité nouvelle pour la plupart des auteurs qui n'ont pas d'expérience médiatique : vous n'êtes pas qu'un auteur, par la publication de votre blogue dans la sphère publique, vous devenez un personnage. C'est un principe fondamental qui mystifie souvent les blogueurs inexpérimentés. Bien que votre blogue soit la meilleure représentation possible de vous, le personnage qui en ressort n'est pas vous. C'est une construction sociale et médiatique, basée en partie sur ce que vous êtes, sur ce que vous projetez et communiquez, le tout interprété par celui qui vous lit.

Seconde nuance, un blogue n'est pas la seule représentation possible de votre identité. On pourrait dire que sur Internet votre adresse de courriel fait aussi partie de votre identité. Si vous publiez des photos ou des vidéos, celles-ci la définissent aussi. Votre prénom et votre nom, ou votre pseudonyme, s'ils sont assez distinctifs, font aussi partie de ce qui vous distingue. Votre identité complète, du moins celle partagée sur Internet, est un amalgame de tous ces renseignements et des interventions que vous aurez effectuées dans la sphère publique du réseau numérique. Un citoyen actif du réseau aura un nombre de résultats pertinents considérable dans une recherche Google bien menée. En fait, les natifs de l'ère numérique ont compris que c'est un immense avantage, alors que les immigrants y voient une menace. Pourquoi? Parce que, sur le réseau, si vous ne construisez pas activement votre identité, elle se construira malgré vous!

Bien que l'information factuelle soit de plus en plus répandue, comme les numéros de téléphone ou l'information relative aux entreprises, la construction d'une identité personnelle ou corporative se fait dans les nuances. En fait, le terme identité pourrait aussi être remplacé dans ce contexte par personnalité. Le blogue est le meilleur outil à ce jour pour permettre d'établir, d'élaborer et de maintenir une identité forte. Que ce soit pour vos lecteurs réguliers ou un visiteur qui vient flâner dans vos archives, la quantité et la qualité des possibilités de définition que permet un blogue sont inégalées. Les possibilités de conversations, d'interventions et même de corrections (dans le cas de mauvaises informations diffusées ailleurs) sont limitées seulement par votre capacité à bloguer, une combinaison simple de talent pour la communication par écrit et de temps pour bien le faire.

Une bonne manière de débuter, si vous voulez vous pratiquer un peu avant de vous lancer dans la construction de votre identité professionnelle, c'est de commencer votre blogue sur un ton plutôt personnel, avec des billets sur vos opinions ou intérêts qui ne sont pas directement reliés à votre expertise. Ainsi, vous pourrez vous faire la main avec les outils et les méthodes propres au blogue. Vous pourrez aussi, au cours de ces premières semaines, établir votre degré de confort quant à votre nouvelle vie publique et à votre vie privée. Cette barrière est différente pour chaque individu, mais sachez qu'un blogue 100% professionnel est toujours moins intéressant qu'un blogue teinté de la couleur de son auteur. Bien qu'il puisse être bénéfique de «se répandre» sur le réseau pour faire la promotion de votre nouveau blogue, il est conseillé d'y aller avec tact et diplomatie. Un simple lien vers votre blogue à la suite d'un commentaire pertinent dans un autre blogue (idéalement relié à votre domaine) est souvent le plus efficace.

QUELQUES TRUCS POUR L'ÉGOSURF

Cherchez votre nom complet dans Google avec des guillemets, «Sylvain Carle», ou tous les mots qui composent votre nom, comme obligatoire + Sylvain + Carle. Essayez aussi avec le nom de votre blogue, «A Frog in the Valley», «afroginthevalley», ou votre URL [www.afroginthevalley.com].

Faites la même chose avec Google Blog Search, où vous pouvez choisir la période de temps [http://blogsearch.google.com/], et Technorati, où vous pouvez choisir la langue des blogues et le niveau d'importance (authority) de ceux-ci [http://s.technorati.com/]. Vous pouvez vous abonner par fil RSS à la plupart de ces résultats et ajouter d'autres moteurs de recherche spécialisés au besoin.

Dernier truc, assurez-vous d'avoir une liste des liens qui pointent vers vous, soit à même votre plateforme de blogue ou par un service de statistiques. (Plusieurs sont gratuits. Mon préféré est Google Analytics [http://www. google.com/analytics/].)

Les hyperliens, les conversations et la communauté

Les hyperliens sont le tissu même du Web. Sans hyperliens, pas de toile. Sans l'hypertextualité, il n'y a pas de processus d'exploration, de navigation sur le Web. Une vaste collection de documents sur ordinateur en réseau, ça existait sur Internet avant l'ère du «triple-double-v». Ça se nommait Gopher et on pouvait quand même explorer un peu, dans les hiérarchies de répertoires et de fichiers. Mais il manquait le lien au sein même des documents. En parallèle avec la naissance de l'hyperlien dans la ligne du temps Internet se trouve une ligne beaucoup plus longue, qui a commencé bien avant celle de l'invention du courriel.

Alors que Gopher (et autres protocoles antiques similaires) donnait accès aux documents, le courriel donnait accès aux gens. Il n'est pas trivial alors de constater que le courriel était (et est encore, pour peu de temps) le *killer app* d'Internet. En somme, le courriel est la racine de l'identité sur les réseaux. Les blogues ne sont que la combinaison judicieuse de ces deux aspects, des textes hyperliés attachés à l'identité d'un auteur. Doc Searls, un des pères du weblog, compare un billet sur un blogue à un CC: World, une copie conforme d'un message envoyé au monde entier, mais pas comme une bouteille à la mer, au contraire. Un message envoyé dans le plus puissant système de connexion, d'archivage, de recherche et de mise en contexte ayant jamais existé.

De par la publication d'un texte sur la toile, dans un contexte de publication personnelle, dans un format daté, présenté de manière chronologique inverse, vous êtes un blogueur. En fait, pour être plus précis, j'irais même jusqu'à dire que, si vous ne faites que cela, vous ne serez toujours qu'une moitié de blogueur. La construction complète de votre identité de blogueur doit se faire dans votre rapport avec les autres membres de la sphère d'idées qui vous entoure. On parle souvent de la «blogosphère». Je suis convaincu qu'il y a «des blogosphères», des sous-réseaux d'affinités au sein du grand réseau de tous les blogues. La construction de votre identité et de votre autorité grandit de par votre interaction avec la communauté, que ce soit en ligne ou DLVV (dans la vraie vie)!

La manière dont vous allez interagir avec les autres va créer deux forces immenses dans le rapport d'autorité d'un blogueur: les gens vont pointer vers vous, ce qui en soit est une manière extraordinaire d'être découvert (sans parler de l'avantage au point de vue de l'indexation par les moteurs de recherche), mais, ce qui est encore plus important, de par leurs réactions et commentaires, ils vont établir votre crédibilité de manière implicite. Même si les commentaires et opinions des autres ne sont pas nécessairement ce à quoi vous vous seriez attendu (parfois, ça peut même faire un peu mal!), vous êtes néanmoins en train d'établir votre cercle d'influence, d'entrer en réseau avec d'autres personnes. Ces dernières constituent chacune le carburant viral de tout réseau d'influence et d'autorité cognitive.

Ainsi, la meilleure stratégie pour un blogueur qui débute, c'est de passer autant de temps en écriture ailleurs que sur son blogue. Je précise en écriture, parce que la diète parfaite selon moi est un mélange en parts égales de lecture de blogues, d'écriture de billets sur votre blogue et d'interaction avec la communauté. Il n'y a pas de facteur plus puissant qu'un bon texte rempli de liens pertinents pour construire son autorité sur un sujet. Et il n'y a pas de facteur plus efficace dans la construction de votre identité qu'une autorité bien établie. Le ton, le style, la transparence (citer ses sources) et l'intégrité sont certainement des facteurs très importants, mais tout de même moins que l'autorité que les autres blogueurs vous ont conférée au moyen des liens vers votre blogue.

Conclusion

Il existe plusieurs raisons, plusieurs réponses à la question : « Pourquoi bloguer ? » Pour moi, la possibilité d'avoir un média qui permet une définition active et continue de l'identité est une des plus enrichissantes.

C'est ainsi que, après être devenu une grenouille dans la vallée, au cours de quelques années plus difficiles de ma vie, j'ai décidé de créer un nouveau blogue personnel, pour raconter ma séparation et ma vie de père avec trois enfants en garde partagée, la remise en question de mon identité... Ce blogue, intitulé Espoir de Solitude Temporaire, m'a servi à raconter mes réflexions et mon énergie de jeune trentenaire nouvellement célibataire, à définir, petit à petit, où je voulais aller avec ma vie. Au fil des commentaires, des rencontres que j'ai eues dans ce petit jardin pas si secret, j'ai rencontré des amis et... la femme de ma vie !

Au détour de quelques conversations de blogue, après plusieurs mois à aimer lire ses mots et elle, les miens, de fil (RSS) en aiguille, nous nous sommes rencontrés, connus et reconnus. Le 23 juin 2007, nous nous sommes mariés avec comme témoin virtuel toute la blogosphère qui nous avait accompagnés au cours des années précédentes... Comme quoi, le blogue, ça mène à tout. Vous ne savez pas ce qui vous attend, croyez-moi !

10 BONNES RAISONS DE BLOGUER POUR VOTRE CARRIÈRE

1. Pour se faire engager, il faut se faire remarquer.

2. Pour avoir une promotion, il faut se faire remarquer.

3. Les gens sont vraiment impressionnés quand vous leur dites : « Oh ! j'ai déjà écrit à ce sujet. Tu peux simplement chercher XYZ dans Google et je suis dans les premiers résultats. » Ou une variante : « Tu n'as qu'à chercher mon nom dans Google. » (Vous pouvez même essayer avec mon prénom seulement. Je suis le premier « Sylvain » la plupart du temps, du moins depuis les quatre, cinq dernières années, et encore au moment de la rédaction de ce livre.)

4. Peu importe votre compétence, votre carrière profite énormément de vos capacités de communication. La meilleure manière d'améliorer un talent, la communication incluse, est de pratiquer. Bloguer est une occasion extraordinaire de se pratiquer.

5. Les blogueurs sont généralement mieux informés que les non-blogueurs. La connaissance est un avantage.

6. En étant mieux informé, vous avez plus de chances de remarquer les emplois intéressants qui s'offrent.

7. Réseauter est bon pour votre carrière. Bloguer est une manière fantastique de rencontrer des gens.

8. Bloguer vous met en contact avec le monde et la réalité pragmatique des expériences partagées.

9. Vous pouvez mieux comprendre de quelle manière les règles de la communication en réseau fonctionnent, ce que les non-blogueurs manquent complètement en ce moment.

10. Il est beaucoup plus difficile de « foutre à la porte » quelqu'un qui a une voix sur la place publique. Ce genre d'évènement se remarque et fait des vagues !

Adapté de « Ten Reasons Why Blogging is Good For Your Career », [http://www.tbray.org/ongoing/When/200x/2005/03/08/BloggingIsGood].

BLOGUER POUR RÉSEAUTER

Marie-Chantale Turgeon

Cet écrit s'adresse autant aux travailleurs autonomes qu'aux gestionnaires de grande entreprise, aux gens intéressés par le potentiel de réseautage des outils de blogues, aux artistes entrepreneurs, curieux et «patenteux» de tous genres intrigués par le blogue et les possibilités offertes par l'outil, ainsi qu'aux blogueurs débutants et blogueurs en manque d'inspiration !

Sortir du placard
(le *coming-out* du blogueur)

On entend que de plus en plus le font. Blogues de professionnels, blogues de gens de communication, blogues personnels, blogues de cadres d'entreprise. Le mot «blogue» est partout. Tellement, que vous ne pouvez plus l'ignorer. Il vous faudra à votre tour essayer. Alors, pourquoi blogueriez-vous, vous aussi ?

Parmi les principales raisons qui nous poussent, à tout âge, à mettre un blogue en ligne se trouve sans aucun doute le besoin de se connecter à d'autres âmes qui pourraient, à court ou à long terme, s'intéresser à ce que l'on fait et, dans certains cas, nous apporter quelque chose d'intéressant en retour. Une volonté de se manifester sur le Web, de devenir virtuellement présent sur la toile 24 heures par jour, pour se rapprocher et attirer à soi des gens aux intérêts et passions similaires, pour pouvoir partager et échanger avec eux des connaissances qui leur seront utiles.

On blogue parce que, contrairement au Web des années 1990, et contrairement au modèle de communication à un sens offert par les médias traditionnels, le Web d'aujourd'hui permet à chacun, de 7 à 97 ans, au moyen d'outils de publication tels que le blogue, de devenir actif, de créer, de remanier l'information, d'échanger, de se rapprocher et de publier du contenu.

Avec ces nouveaux outils, le travail de milliers d'amateurs talentueux est maintenant accessible. Souvent, ces mêmes amateurs, soutenus par une forte communauté en ligne, deviendront de nouvelles sources d'information et, dans certains cas, des concurrents pour les entreprises et les médias.

NOUVEAUX OUTILS, NOUVEL ESPACE, NOUVEAUX MÉDIAS:
on réorganise l'information, et multiplie les transmetteurs

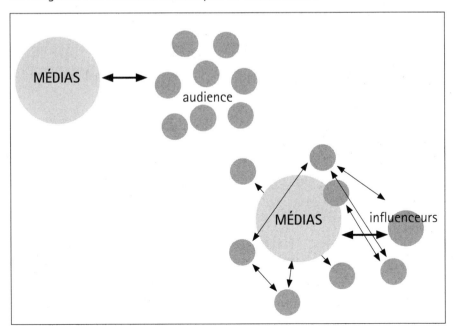

Portrait du blogueur

Les blogueurs sont des gens de tout âge, curieux, avides d'information et d'un nouveau type de contenu qu'ils trouvent difficilement ailleurs que sur le Web – ce que j'appelle les 3V :

- **Varié** : un contenu varié, c'est-à-dire un nouveau type de contenu texte, audio et vidéo, de nouvelles approches, du contenu plus personnel, spontané, local et international ;
- **Véridique** : tout en restant conscients que les blogues ne sont pas toujours des sources crédibles d'information, les blogueurs sont curieux et recherchent différentes sources pour trouver de l'information véridique, outre ce qui est rapporté dans les médias. Plusieurs d'entre eux ont perdu confiance dans les médias traditionnels et les entreprises, qui font preuve depuis des années d'un manque flagrant de transparence, d'authenticité, de spontanéité, d'honnêteté et d'écoute envers leur public et leurs clients ;
- **Voix** : les blogueurs cherchent des endroits où leur voix sera entendue, où ils pourront être cocréateurs, participer et échanger leurs idées, des endroits où la communication ne sera pas qu'à un sens, où on leur permettra d'être des consommateurs actifs.

Une fois que vous serez sorti du placard, qui seront vos lecteurs ? Rencontrez vos semblables

Pour vous aider à comprendre tout ce qu'un blogue peut rapporter, vous devez comprendre que vos lecteurs, qu'ils vous découvrent grâce à votre blogue ou grâce à un commentaire que vous aurez laissé sur un autre blogue, sont des êtres humains, quelque part sur la planète, qui pourraient à tout moment devenir de potentiels clients, collaborateurs, amis, partenaires d'affaires, des sources importantes d'inspiration ou d'information pour vous, des gens avec qui vous pourrez rester en contact ou même des admirateurs.

Le contenu des blogues étant automatiquement indexé dans les principaux moteurs de recherche, chaque entrée sur votre blogue attirera aussi à vous des égarés, des abonnés potentiels qui se retrouveront sur votre blogue par hasard, à la suite d'une recherche. Voici, par exemple, une carte indiquant la localisation dans le monde des 100 plus récents visiteurs de mon blogue, Vu d'ici – Seen from here.

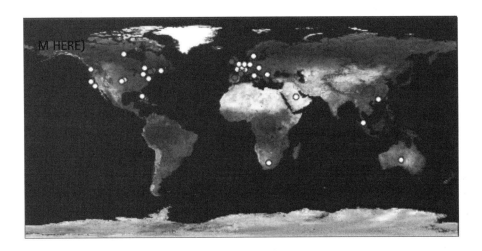

Et, maintenant, parmi ces milliers de voix qui se manifestent sur la toile, comment créer le contenu, votre contenu, celui qui vous distinguera, attirera à vous les foules et par lequel vous atteindrez les gens que vous souhaitez attirer à vous ?

TRUCS POUR UN BLOGUE EN SANTÉ

Tous ne sont pas nés blogueurs ! Si votre objectif principal est de créer un blogue qui rapporte et réponde à vos objectifs, vous devrez vous investir personnellement. Sans l'énergie et la magie dégagée par votre passion, votre ouverture et votre plaisir à transmettre, votre blogue risque d'être un espace Web sans âme.

« Montre-moi ton blogue et je te dirai qui tu es » : pour que votre blogue soit en santé, vous devez être authentique et présent pour vos lecteurs, intéressé par ce qu'ils ont à partager. Voici quelques trucs qui vous aideront et qui, je l'espère, vous inspireront. Pour un blogue en santé, il vous faudra :

Une bonne dose d'authenticité.

Plusieurs restent craintifs à l'idée de s'exposer sur un blogue, croyant qu'en se rapprochant de leur public (leurs clients dans plusieurs cas) et en lui laissant plus de place, en lui permettant de participer activement au dialogue, ils perdront le contrôle et deviendront vulnérables. Pourtant, en restant humain, votre vulnérabilité avouée soutiendra votre génie. Votre capacité à être disponible pour répondre personnellement et spontanément à vos lecteurs vous fera gagner en crédibilité.

Vous ne pouvez montrer au reste du monde à quel point vous êtes extraordinaire, sans exposer les parties de vous qui sont, elles, peut-être un peu moins extraordinaires. Les gens ont soif d'authenticité et espèrent découvrir en vous la même personne en affaires et après les heures de bureau. Dans votre blogue, vous ne vous adresserez plus de votre tour d'ivoire à vos lecteurs, mais bien d'égal à égal, sur le même plancher.

Je crois personnellement que nous vivons une ère de changement où le monde des communications et des médias se réinvente, les images fausses ne tiennent plus. Alors, si vous désirez atteindre ce nouveau public, trouvez de nouveaux canaux de communication et évoluez avec vos lecteurs, qui, s'ils ne se sentent pas écoutés, trouveront eux-mêmes un canal pour s'exprimer. Mieux vaut plonger et être flexible devant les changements qui s'amorcent. Pourquoi ne pas bloguer si vous n'avez rien à cacher ? Soyez vous-même, votre blogue est votre identité virtuelle. Soyez humain dans vos approches, démontrez votre flexibilité, votre curiosité, votre sensibilité, vos couleurs et, surtout, votre sens de l'humour !

Brasser des idées, créer du contenu sur une base régulière.

Le blogue est un outil. Vous pouvez en faire ce que vous en voulez : un collage de vos réflexions et trouvailles, un blogue-note, un album de voyage, un magazine avec différents contributeurs, un mini-média où s'entremêleront vos textes, photos, vidéos, enregistrements audio, un endroit pour vos éclats artistiques, tout est permis !

▶

La curiosité, le désir d'apprendre et de partager.

Pour faire partie des communautés en ligne, pour comprendre les besoins et les outils, il faut plonger, et non pas être un simple observateur. Recherchez d'autres blogueurs, soit dans votre communauté locale, soit à l'international. Vous trouverez un blogueur professionnel pour chaque sujet qui peut vous intéresser : arts, sport, cuisine, théâtre, commerce, technologie, design, voyages, santé et j'en passe ! Les moteurs de recherche vous proposeront des blogues. Visitez-les. Intégrez vos plus intéressantes trouvailles à votre blogue et commentez-les. Laissez votre trace sur les blogues que vous appréciez, pour attirer ainsi à vous plus de lecteurs.

De la personnalité.

Laissez-nous découvrir un peu la personne qui se cache derrière cet écran froid ; votre coté givré en allumera plus d'un ! N'oubliez pas que votre blogue est une image de votre personnalité. C'est votre identité virtuelle, en croissance et en constant mouvement, accessible 24 heures sur 24 sur la toile.

De la spontanéité.

Un texte qu'on doit relire 15 fois ne devrait pas se retrouver sur votre blogue. Mieux vaut faire passer votre message simplement que de se perdre dans la perfection.

Le choc des idées.

Si vous êtes passionné par votre sujet et si communiquer vous transporte au septième ciel, vous rejoindrez sûrement des adeptes qui seront charmés par votre manière de partager vos connaissances.

Le plus fascinant est de se rendre compte à quel point les idées que vous partagez virtuellement pourront à votre insu évoluer et influencer vos lecteurs. D'un point de vue commercial, on parlera de *Trend Setter* et de *Citizen Marketer*, mais, puisque les blogues mettent en vitrine les idées et réflexions de plusieurs personnages inspirants, j'aime mieux parler d'« images d'inspiration » et penser aux conséquences que peuvent avoir ces nouvelles perspectives sur le développement personnel de chacun.

Attention à la surdose.

Je ne peux passer sous silence le phénomène de « surdose d'information », qui pourrait rapidement vous décourager si vous n'êtes pas sélectif dans votre choix de lectures. Évidemment, munies d'une connexion Internet et d'un ordinateur, des milliers de personnes peuvent bloguer, et la masse d'information disponible grandit de manière exponentielle.

Chose qui était impossible jusqu'à maintenant, vous pouvez suivre, pratiquement en direct, les déboires et réflexions de votre communauté de blogueurs préférés, à toute heure du jour et de la nuit.

Je vous laisse le soin de juger de la pertinence d'un tel investissement de temps, mais, pour ma part, je vous suggère de choisir méticuleusement vos sources d'information et de publier du contenu à une fréquence qui vous semblerait facile à suivre si vous étiez votre propre lecteur (d'accord, en fait, vous êtes et serez toujours votre premier lecteur !).

Vous et les autres : les différents types de réseaux

Difficile de catégoriser les différents types de réseaux et communautés de blogues sur la toile. J'ai donc choisi de vous parler principalement des groupes dont je fais partie en tant qu'utilisatrice et observatrice de ces nouvelles technologies Web : les utilisateurs observateurs et les utilisateurs actifs.

Les utilisateurs observateurs

Les utilisateurs observateurs voient l'avenir. Ils connaissent les nouveaux outils et les nouvelles plateformes Web avant qu'ils ne soient mis en ligne. Ils les testent, les utilisent, les analysent. Ce groupe d'utilisateurs se sert souvent du blogue tel un bloc-note (blogue-note), y publiant leurs analyses, mais sans pour autant vous laisser vous immiscer dans leur vie personnelle. Ces espaces sont souvent riches en études détaillées, mais laissent peu de place à la personnalité de l'être qui rédige le contenu.

L'outil qu'est le blogue permet aux professionnels du Web de réseauter et de partager de l'information relative à leur profession de manière assez facile, ce qui était auparavant difficile à faire sans l'aide d'un éditeur pour diffuser un ouvrage écrit.

Mais attention ! Les blogueurs ne parlent pas tous que des dernières technologies. Les plus intéressants à mes yeux sont les utilisateurs actifs de ce nouveau Web, ceux que j'appelle les mini-médias, et les blogueurs professionnels qui écrivent sur toutes sortes de sujets.

Les utilisateurs actifs

Ceux que j'appelle les mini-médias offrent une solution de rechange aux médias traditionnels. Ils documentent sur le Web le grouille-ment de leur communauté et grâce à lui, créent leurs propres maga-zines. Leurs blogues ressemblent à des collages multimédias d'information où peuvent se retrouver photographies, émissions vidéo (vidéoblogues), émissions audio (*podcasts* et blogues « MP3 »), pensées, observations, idées, états d'âme. Des gens passionnés, en feu, qui influencent les médias traditionnels par un contenu spon-tané, original, vivant. Ces derniers exposent fortement leur identité et leur personnalité : on les reconnaît sur la rue, on sait qui sont leurs amis, ce qu'ils lisent, ce qu'ils écoutent, et même où ils iront en vacances pour Noël.

Parmi les utilisateurs actifs, on retrouve aussi les blogueurs profes-sionnels et les blogueurs d'entreprise (blogues d'écrivains, photo-graphes, professeurs, designers, musiciens, peintres, écrivains, illustrateurs et créateurs qui ouvrent la porte sur leur univers), les blogueurs personnels (carnets de voyage, blogues pour la famille et les amis, blogues à accès restreint), ainsi que tous les utilisateurs de communautés en ligne. MySpace, FaceBook, Skyblogs, Etsy et flickr ne sont que quelques exemples où s'entremêlent par intérêt des utilisateurs actifs de partout.

Et, finalement, les médias traditionnels. Certains d'entre eux font preuve de fougue et d'esprit novateur en emboîtant le pas, en créant un nouveau contenu, des concepts et des espaces inspirés des mini-médias et des communautés en ligne, et en offrant plus d'ouverture et d'interactivité à leur public.

ILS L'ONT FAIT : TÉMOIGNAGES

Voici quelques témoignages d'utilisateurs actifs, entre autres des professionnels qui utilisent le blogue de différentes manières.

Martine Pagé, scénariste [www.martinepage.com].
- Pourquoi blogues-tu ? Parce que j'aime écrire et qu'écrire sans intermédiaire est une joie rare et un bon exercice.
- Est-ce que l'on peut mettre ton blogue dans une catégorie ? Si oui, laquelle ? Je dirais « perso », mais, comme je fais presque toujours des liens vers l'extérieur, c'est plus ou moins approprié. Disons que c'est « perso », mais que « ce n'est pas » un journal intime.
- Depuis quand blogues-tu ? Février 2002.
- Jusqu'à quand prévois-tu continuer à bloguer ? Je me suis fait une seule promesse : arrêter de bloguer si ça devient davantage un fardeau qu'un plaisir. Pour l'instant, ça reste un plaisir, alors je continue !
- Combien de nouvelles rencontres – amis, collègues, employeurs, partenaires d'affaires, clients ou juste des connaissances – as-tu faites grâce à ton blogue ? Je dirais 100 et plus, mais je ne les ai pas tous rencontrés en personne !

Martine Gingras, entrepreneure et créatrice [www.banlieusardises.com], un site sur l'art de vivre... autrement ! Faire plus de choses soi-même, consommer moins, consommer mieux.
- Pourquoi blogues-tu ? J'aime partager mes découvertes et mes créations, et le blogue permet de recevoir en retour les idées d'une communauté de lecteurs et autres blogueurs, qui m'amènent à explorer de nouvelles avenues et à aller plus loin.
- Depuis quand blogues-tu ? Octobre 2001.
- Jusqu'à quand prévois-tu continuer à bloguer ? Je vais bloguer tant que j'aurai de meilleures raisons de continuer que d'arrêter.
- Combien de nouvelles rencontres – amis, collègues, employeur, partenaires d'affaires, clients ou juste des connaissances – as-tu faites grâce à

▶

ton blogue? Vraiment impossible de faire le décompte! Disons que ça fait beaucoup, beaucoup de monde intéressant, incluant quelques amitiés précieuses.

Guylaine Couture, designer graphique et professeure [http://www.gycouture.blogspot.com].

- Pourquoi blogues-tu? Parce que j'aime partager tout ce que je découvre d'inspirant et de créatif sur le Web ou ailleurs.
- Est-ce que l'on peut mettre ton blogue dans une catégorie? Si oui, laquelle? «Creativefeelgood», la créativité au sens large.
- Depuis quand blogues-tu? Juin 2005.
- Jusqu'à quand prévois-tu continuer à bloguer? Aucune idée, mais vraiment aucune idée. Des fois, je me dis que si je n'avais aucun commentaire pendant plus d'une semaine, je remettrais tout ça en question. Mais je ne suis pas certaine de ça non plus.
- Combien de nouvelles rencontres – amis, collègues, employeur, partenaires d'affaires, clients ou juste des connaissances – as-tu faites grâce à ton blogue? Plus de 20, moins de 50.

Luce Beaulieu, ecodesigner et entrepreneure [http://blog.articlestudio.ca].

- Pourquoi blogues-tu? Parce que je veux partager ce que je trouve avec les gens intéressés par les mêmes choses que moi; parce que je veux prouver que design et développement durable vont de pair; parce que c'est la meilleure façon que j'ai trouvé de me créer un capital de réputation sur le Web.
- Est-ce que l'on peut mettre ton blogue dans une catégorie? Si oui, laquelle? Design et développement durable.
- Depuis quand blogues-tu? Novembre 2005.
- Jusqu'à quand prévois-tu continuer à bloguer? Jusqu'à ce qu'ils trouvent quelque chose d'encore plus «toxique».
- Combien de nouvelles rencontres – amis, collègues, employeur, partenaires d'affaires, clients ou juste des connaissances – as-tu faites grâce à ton blogue? Entre 40 et 50.

Nadia Seraiocco, consultante en gestion culturelle [www.cheznadia.com].

- Pourquoi blogues-tu? Pour m'exprimer et ouvrir une porte aux gens qui partagent mes intérêts.

- Est-ce que l'on peut mettre ton blogue dans une catégorie? Si oui, laquelle? Difficile... Je dirais que mon blogue est une série de commentaires personnels sur les médias, la gestion, l'art et la culture.
- Depuis quand blogues-tu? Depuis le 17 janvier 2002.
- Jusqu'à quand prévois-tu continuer à bloguer? Jusqu'à ce qu'un nouveau type de communication interactive remplace le blogue...
- Combien de nouvelles rencontres – amis, collègues, employeur, partenaires d'affaires, clients ou juste des connaissances – as-tu faites grâce à ton blogue? Je dirais une quinzaine de contacts d'affaires et une vingtaine de connaissances amicales, mais c'est exponentiel. Plus je consacre de temps à mon blogue, plus le réseau se développe...

Mon témoignage : **Marie-Chantale Turgeon**, artiste, communicatrice, entre-preneure, voyageuse, créative et curieuse [http://www.mcturgeon.com/blog].

- Pourquoi blogues-tu? Le blogue est pour moi une forme de communication, une forme d'art où je peux manifester ma créativité et m'ouvrir sur le monde. Je blogue pour mieux pouvoir m'exprimer de différentes manières, par le texte, la vidéo, le dessin, la photo, l'audio. Je blogue pour être partout en même temps, pour pouvoir mieux me faire connaître, me connecter aux gens qui m'intéressent, aux gens qui ont des intérêts similaires aux miens, à l'échelle locale et internationale. Pour moi, le blogue est la version contemporaine du CV – organique, coloré et personnel. J'aime le blogue parce qu'il me donne la chance de m'exprimer spontanément, d'exprimer rapidement mes premières idées – qui sont parfois les meilleures – avant qu'elles aient pu être balayées par mon censeur! Je blogue pour faire avancer mes idées, pour développer ma créativité.
- Est-ce que l'on peut mettre ton blogue dans une catégorie? Si oui, laquelle? Non! C'est un blogue professionnel et personnel en même temps, un magazine auquel différentes personnes contribuent.
- Depuis quand blogues-tu? Mars 2002.
- Jusqu'à quand prévois-tu continuer à bloguer? Jusqu'à ce que le mot blogue disparaisse.
- Combien de nouvelles rencontres – amis, collègues, employeur, partenaires d'affaires, clients ou juste des connaissances – as-tu faites grâce à ton blogue? Plus d'une centaine.

BLOGUER POUR ÊTRE VU

Philippe Martin

C'est quoi, un vidéoblogue ?

Le blogue permet à la base de diffuser des textes, des images, des sons. Maintenant, la vidéo commence à faire son apparition. Dernière évolution en date, et non la moindre : le *vlogging* ou *videoblog*. Autres termes utilisés, *videopodcast* et *videocast*, en référence au *podcasting*, terme issu du baladeur numérique iPod.

C'est en quelque sorte l'avènement du multimédia faisant passer l'internaute du stade de consommateur de contenu à celui de diffuseur. Ce qui est remarquable, c'est la facilité avec laquelle on peut s'approprier cette technologie.

Avec le *videocasting* et son utilisation sur un blogue, tout le monde peut devenir un producteur d'images, qu'elles soient diffusées sur un iPod, un blogue, un site spécialisé ou un téléphone portable.

Le blogue « d'écriture » bouleverse les pratiques des métiers de l'écriture, que ce soit les écrivains ou les journalistes ; le *podcasting* bouleverse le monde de la radio et de la musique ; le vidéoblogue, qui est la troisième mutation du blogue, est en train de bouleverser le monde de la télé et de l'image. Pourquoi ? Tout simplement parce que, de la production à la conception, en amont, jusqu'à la diffusion, en aval, le processus est simple, peu coûteux et surtout que les canaux de diffusion que sont les blogues et les iPod sont les deux outils technologiques en plus forte croissance jamais enregistrées depuis l'avènement d'Internet.

De plus, la technologie de syndication des fils de nouvelles (flux RSS) s'applique également aux liens de *podcast* et *videocast*, sans compter que l'on peut y insérer des *tags*, sortes de mots-clés ouvrant ainsi la porte à une culture numérique et multimédia totalement hors du contrôle des canaux actuels.

Il faut s'attendre à voir émerger dans un proche avenir une multitude d'entreprises faisant la compétition aux médias installés et proposant divers modèles d'affaires d'où probablement émergeront les futurs leaders du monde des « com » et des médias de demain. Les domaines de la formation et de l'éducation vont être les premiers bénéficiaires, permettant ainsi au *eLearning* de franchir la barrière technologique qui retardait sa croissance. Les entreprises ne seront pas en reste avec des concepts de recrutement, maillage et communication par vidéo.

MEILLEURES ADRESSES DE VIDÉOBLOGUES

Anglophones

- Média – informations : RocketBoom [http://www.rocketboom.com/stories/]
- Technologie et business : Robert Scoble [http://www.podtech.net/scobleshow/]
- Technologie et business : Beet.Tv [http://www.beet.tv/]
- Cuisine : Start Cooking [http://startcooking.com/]
- Illustrations : Stephan G. Bucher [http://344design.typepad.com]
- Tutoriaux : Lab Rats [http://www.labrats.tv/]
- Média – informations : CommandN [http://commandn.typepad.com/]

Francophones

- Technologie et innovation : Jean-Michel Billaut [http://billaut.typepad.com/jm/le_billautshow/index.html]
- Web 2.0, entreprenariat, technologie : Loïc Le Meur [http://www.loicle-meur.com/france/podcasts/index.html]
- Politique : PoliticShow [http://blpwebzine.blogs.com/politicshow/]
- Cuisine : Cuisinier en ligne [http://www.cuisinerenligne.fr/]
- Alimentation – terroir : Terroir du Québec [http://www.terroirsquebec.com/blog/index.php/Podcast]
- Culture Internet : Yulbuzz [http://www.yulbuzz.com/blog/]
- Entrepreneur : PetitDeviendraGrand [http://www.petitdeviendragrand.com/]
- Culture et littérature : Les Tomcasts [http://clement.blogs.com/thomas_clment/tomcasts_les_videos/index.html]
- Société, politique, Internet, monde, média : Mémoire Vive [http://www.memoire-vive.org/archives/cat_vidcasts.php]

Les diffuseurs : YouTube, Dailymotion, YouTube-like, médias sociaux, RSS

Hormis le fait de pouvoir diffuser ses vidéos sur son propre blogue, il existe désormais des plateformes communautaires de partage de vidéos. Généralement appelés «médias sociaux», ces espaces permettent de rejoindre un public important, qui a le pouvoir de faire circuler et de redistribuer le contenu dans son réseau.

YouTube, l'enfant prodigue

Lancé en février 2005 aux États-Unis, YouTube s'est rapidement imposé comme le leader des plateformes de partage de vidéos en ligne grâce à sa simplicité d'utilisation et sa vision de la montée en puissance du contenu vidéo généré par les utilisateurs (UGC). Comparativement aux gros joueurs d'Internet comme Yahoo! et Google, qui offraient déjà des services similaires, YouTube a réussi, au-delà des spécifications techniques, à rallier une large communauté d'utilisateurs qui peuvent commenter les vidéos, voter et se les échanger. Finalement, en octobre 2006, le géant Google achetait l'entreprise pour la somme de 1,6 milliard $US. Avec ses 30 millions d'utilisateurs par mois, YouTube représente 10 % du trafic Internet mondial et a lancé, en juin 2007, sa version multilingue [http://www.youtube.com].

Dailymotion, le challenger francophone

Lancé également en février 2005 en France, Dailymotion s'est rapidement imposé comme la plateforme de partage vidéo francophone avec près de 7 millions d'utilisateurs par mois. Le site est accessible en six langues et quinze millions de vidéos sont visionnées chaque jour [http://www.dailymotion.com].

YouTube-like, les clones et les créneaux

Les succès de YouTube et de Dailymotion ont entraîné la création de nombreux concepts similaires, les YouTube-like dont certains réussissent à attirer une clientèle. Les principales plateformes sont : Blip.tv, Vpod.tv, Revver.com, Metacafe et Kewego.

Au Québec, ce sont Espace Canoë, TonClip.com et TonTuyau.com, lancés en 2007, qui tentent de se positionner dans ce créneau. À noter que ces «clones» diffusent un contenu généraliste qui va de la vidéo personnelle à la musique, en passant par la politique, l'humour, les voyages.

Même si ces médias vidéo attirent des millions d'utilisateurs chaque mois, il est parfois difficile de s'y retrouver tant la masse de contenu disponible est imposante. C'est donc du côté des plateformes de créneau ou celles qui ciblent un thème particulier que le vidéoblogueur d'affaires aura intérêt à explorer. En voici quelques-unes :

- Climat et écologie : http://www.green.tv
- Savoir-faire : http://www.videojug.com/ et http://www.tubetorial.com/
- Éducation : http://www.teachertube.com/index.php
- Tourisme et hôtellerie : http://www.trivop.com/
- Entreprises et professionnels : http://www.tivipro.tv/
- Entreprises et finance : http://www.wallstrip.com/theshow/
- *Start-up*, finance, capital de risque : http://www.vator.tv/ et http:// www.capitalrisqueur.tv/
- Entreprises et recrutement : http://standoutjobs.com/

De l'utilité du RSS

Le RSS, ou fil de nouvelles, est une technologie offerte par défaut sur tous les blogues. L'utilisateur qui souhaite suivre des fils de nouvelles en provenance de ses sites ou blogues favoris peut les enregistrer soit à partir de son navigateur, soit à partir d'un lecteur-agrégateur comme Google Reader, Yahoo Reader ou Netvibes, pour citer les plus populaires.

Également, de nombreux annuaires ont vu le jour et répertorient les fils RRS en les classant par catégories. Dans certains cas, le blogueur peut s'enregistrer et y soumettre son fil. Par exemple, iTunes, propriété d'Apple, offre la possibilité de soumettre gratuitement ses contenus, qui sont alors disponibles pour toute sa communauté d'utilisateurs. Dans d'autres cas, ce sont les éditeurs de ces «contenants» qui viennent directement chercher les fils qu'ils estiment pertinents. Ils créent un profil sur leur plateforme, qui se met automatiquement à jour à chaque nouvelle édition de contenu. C'est souvent le cas pour les annuaires de *podcasts*, comme Podemus ou Dkpod. L'avantage de ce processus est une diffusion du contenu à plus grande échelle de façon automatisée.

Le mot magique : « embed »

La balise HTML « embed » permet d'insérer une visionneuse ou un lecteur de fichier vidéo sur son blogue par un simple copier-coller. La plupart des plateformes de partage vidéo offrent cette possibilité. Cela permet de faire d'une pierre deux coups : avoir son contenu accessible sur la plateforme vidéo tout en ayant la possibilité de le diffuser sur son blogue, sans avoir le souci technique de l'installation, de l'hébergement et de la bande passante.

Les récepteurs :
iPod, téléphone mobile

Les récepteurs mobiles, que ce soit les baladeurs ou les téléphones, sont les derniers maillons de la chaîne de diffusion. En plus d'être accessible sur le blogue et les plateformes vidéo, le contenu peut-être transporté et visionné en tout temps, créant ainsi une convergence entre tous les supports.

iPod, le transporteur

Le iPod vidéo permet de télécharger des *podcasts* vidéo à partir de sa plateforme iTunes d'Apple et de les visionner directement sur le baladeur. Le succès commercial du iPod, dont le terme *podcast* est issu, incite donc le vidéoblogueur à offrir la possibilité à son public d'accéder au contenu sur ce support. À noter que Microsoft a également lancé le baladeur Zune, avec des fonctionnalités similaires.

Téléphonie mobile, le contenu n'importe où, n'importe quand

L'industrie de la téléphonie mobile a rapidement compris les enjeux de la vidéo en ligne et une course à l'innovation fait rage dans ce secteur. Smartphone, BlackBerry, Pocket pc, iPhone, tous les acteurs redoublent d'efforts pour offrir la réception de vidéos sur leurs appareils, sans compter les modèles qui permettent même de filmer de courtes vidéos.

Chaîne de production : de la caméra au iPod, comment faire ?

Première étape, bien sûr, avoir son blogue et une ligne éditoriale bien définie en fonction de ses publics cibles. Bien réfléchir au contexte et au message. Est-ce pour de la formation, de l'information, du reportage, de la communication d'entreprise, la promotion d'un savoir-faire ou d'un produit ? Est-ce unidirectionnel ou bidirectionnel ? Allez-vous écrire un texte qui accompagne la vidéo ? Est-ce pour rejoindre un public local ou international ?

Deuxième étape, le contenu. Quelques réflexions nécessaires : à quelle fréquence sera-t-il publié ? Quelle en sera la durée moyenne ? Quel en sera le concept : dans un bureau, à l'extérieur, toujours dans le même décor avec la même personne ?

Troisième étape, le tournage. Avec quel équipement : caméra de poing, téléphone avec fonction caméra, matériel plus sophistiqué ? Allez-vous ne faire qu'une prise directe ou plusieurs, ce qui nécessitera de faire un montage ? Attention au son également. C'est un point à ne pas négliger.

Quatrième étape, le montage. Souhaitez-vous insérer une vignette avec texte et logo ? Souhaitez-vous y intégrer une musique d'introduction ? Quels sont les différents formats que vous allez offrir ?

Cinquième étape, la diffusion. Est-ce que le *podcast* sera diffusé sur votre blogue par téléchargement en plusieurs formats et pour plusieurs supports (transporteurs) ? Ou bien opterez-vous pour une plateforme vidéo permettant d'utiliser la fonction «embed» telle que décrite plus haut ?

Outils et coûts de production

La barrière technique et financière pour diffuser de la vidéo sur le Web s'est considérablement abaissée ces dernières années. Cela permet au vidéoblogueur d'être assez rapidement autonome pour utiliser son petit média sans avoir à faire appel à des ressources professionnelles externes souvent coûteuses. Bien sûr, sur le plan de l'équipement ou du logiciel de montage, les prix vont du simple au double. Cela va également dépendre des nombreux paramètres énoncés dans les cinq étapes. Je recommanderai donc une approche par étapes en commençant petit et en planifiant l'achat de matériel et de logiciels plus sophistiqués en parallèle avec l'acquisition progressive du niveau de savoir-faire et d'expérience. Disons donc qu'avec une caméra de 400 $ à 700 $ comportant une prise micro externe, un logiciel de montage tel que Ulead à 150 $ plus un « kit » de micros-cravate sans fil à 300 $, quelques accessoires divers comme un trépied et une lampe supplémentaire on peut donc s'en tirer pour moins de 1500 $.

ASTUCES ET CONSEILS DE DÉMARRAGE

- **Équipement :** commencez petit, quitte à investir au fur et à mesure. Le facteur temps d'apprentissage n'est pas à négliger non plus.

- **Tournage :** commencez avec une seule prise et une caméra, ce qui sera plus simple pour le montage et vous procurera un gain de temps.

- **Concept :** il est important d'avoir son logo (*brand*) sur ses vidéos, surtout si elles circulent sur des plateformes vidéo. Évitez les intros musicales trop longues.

- **Contenu :** faites court (de cinq à huit minutes). Les internautes sont de gros consommateurs de contenu et sont toujours pressés. Mieux vaut publier à fréquence régulière de courtes vidéos, plutôt qu'une fois par mois avec de longs contenus. Écrivez une brève entrée en matière enrichie de liens pointant vers des ressources reliées à votre contenu.

Encouragez les commentaires ; le blogue, c'est aussi de la discussion et de la communication bidirectionnelle.

- **RSS :** créez-vous un compte sur FeedBurner. Cette application permet de créer plusieurs fils RSS reliés à différentes catégories de contenu. FeedBurner gère aussi gratuitement les statistiques d'abonnement de votre lectorat, surveille la « santé » technique de vos fils et offre depuis peu la possibilité de commandites et publicités sur vos diffusions à partir d'un certain nombre d'abonnés.

- **Diffusion :** ciblez bien vos plateformes de partage vidéo en fonction du public à rejoindre. Les gros joueurs sont surchargés de contenu de toutes sortes, donc des plateformes de créneaux seraient tout aussi indiquées.

- **Formats :** c'est la jungle dans les formats, RocketBoom allant même jusqu'à en proposer une quinzaine. Commencez en faisant simple, n'hésitez pas à interroger votre public pour avoir leur avis. En tout état de cause, pensez petits écrans : iPod, iPhone et autres téléphones mobiles sont la voie de l'avenir.

- **Optimisation :** vous publiez sur le Web, donc aussi pour les robots de Google, Yahoo ! ou MSN, plus les agrégateurs de fils RSS. Le titre et les mots-clés sont importants pour faire émerger votre contenu et attirer un public.

Et, n'oubliez pas, il y a beaucoup de contenants à l'heure actuelle, mais encore peu de contenu de qualité originale. D'une certaine manière, vous êtes à égalité avec les autres. *Sky is the limit !*

Bénéfices et valeur ajoutée : accessibilité, identité numérique, visibilité, ROI

Accessibilité

C'est un des grands avantages d'Internet. Le contenu disponible sur support multi-canal, en tout temps, sans contrainte de grille horaire, transportable, mobile, re-visionnage sur demande avec possibilité de partage et de diffusion virale.

Identité numérique et visibilité

Avec un déplacement progressif des activités vers Internet, chaque publication de contenu a pour effet de semer des «petits cailloux numériques». Ce sont comme les pièces d'un puzzle qui composent l'identité numérique d'une personne ou d'une entreprise. Publier régulièrement du contenu, adhérer et participer à des communautés et à des médias sociaux renforcent cette présence numérique.

On parle désormais de «googler» une personne pour accéder justement à tous ces éléments. Un prospect, un client, un partenaire faisant une recherche sur Internet aura ainsi accès à toutes vos «présences». Cela lui permettra de connaître rapidement votre expertise, vos produits, votre savoir-faire et vos réalisations. Et, comme une image vaut mille mots, une vidéo en vaut peut-être dix mille.

ROI et avantages

Le rendement du capital investi dans cette présence et visibilité est à analyser sous plusieurs angles. J'aime beaucoup le terme de «rayonnement Web» employé par Éric Baillargeon du blogue Intercommunication. Cela décrit un retour axé davantage sur le qualitatif que le quantitatif:

- Augmentation de la visibilité
- Image de modernité et de vision
- Instauration d'une identité numérique
- Pérennité du contenu
- Attrait de nouveaux collaborateurs, clients, partenaires
- Autonomie
- Possibilité d'avoir son propre média
- Présence multimédia optimisée

- Création de sa micro-marque
- Investissement de temps plus que d'argent
- Abaissement de la barrière technologique

Pour conclure, le domaine de la vidéo en ligne est de toute évidence en forte croissance. La porte d'entrée est grande ouverte pour ceux qui veulent utiliser cette approche. Tous les maillons de la chaîne sont désormais en place pour permettre à tout un chacun d'administrer sa propre micro-marque média, et cela, sans d'importantes connaissances technologiques ni de gros investissements financiers. Et nous n'en sommes qu'au début!

QUELQUES EXEMPLES DE BLOGUES INSPIRANTS

Jean-Michel Billaut : France
- Fréquence : hebdomadaire.
- Durée : en moyenne 10 minutes.
- Concept : toujours dans le même lieu, pas d'intro musicale, créneau entrepreneurs et technologie.
- Diffusion : Vpod.TV, sur le blogue avec copier-coller du script « embed ».

CommandN : Canada
- Fréquence : hebdomadaire.
- Durée : en moyenne 10 minutes.
- Concept : à l'extérieur, courte intro musicale, logo, créneau technologie.
- Diffusion : sur le blogue en sept formats, cinq fils RSS, deux comptes sur iTunes, une chaîne sur YouTube.

RocketBoom : États-Unis
- Fréquence : tous les jours, du lundi au vendredi.
- Durée : quatre minutes.
- Concept : animatrice en studio ou à l'extérieur, plus d'autres contributeurs (reporters, courte intro musicale, créneau de l'actualité, des médias et de la technologie).
- Diffusion : une quinzaine de formats et de plateformes de vidéos, un compte sur iTunes, une chaîne commanditée sur YouTube.

BLOGUER POUR COMMUNIQUER

Marc Snyder

Les changements que les blogues amènent aujourd'hui dans la profession de communicateur ou de relationniste sont profonds. Les communicateurs qui n'évolueront pas disparaîtront. C'est aussi simple que ça. L'arrivée des blogues et des médias sociaux est aussi importante pour notre industrie que l'arrivée des sites Web et du courriel au milieu des années 1990.

Les blogues et les médias sociaux transforment actuellement le Web en un média, un forum, où les participants sont aussi puissants que ceux qui, auparavant, contrôlaient le discours public : les relationnistes et les médias traditionnels.

Les blogues et les médias sociaux peuvent être à la fois un système de détection des tendances et des enjeux à venir et à la fois des outils pour que votre entreprise puisse être un leader dans son domaine.

La compréhension des blogues et de leur culture propre est essentielle à votre utilisation de ce média. Les blogues sont peut-être issus de quelques zigotos qui avaient du temps à perdre, mais ils sont devenus un univers complet qui doit être approché avec prudence, respect et transparence.

Des nouvelles technologies ?

En réfléchissant à la conclusion de ce chapitre, je me suis dit que je voulais que les communicateurs – particulièrement les gens de relations publiques – comprennent que d'envisager les blogues et les médias sociaux comme une question technologique est une erreur. C'est d'abord une question sociologique.

Les blogues et les médias sociaux ont amené un changement fondamental dans notre culture. Ils ont créé un tout nouveau monde d'influenceurs qui fait en sorte qu'une idée peut partir d'un seul individu et avoir un impact de plus en plus grand au fur et à mesure qu'elle circule.

Le monologue des ex-influenceurs est devenu le dialogue des masses ; c'est ainsi que l'ancienne façon de communiquer « vers » des publics doit céder la place à communiquer « avec » des publics.

Pour réussir dans ce monde, il faut comprendre le rôle que jouent les individus lorsqu'ils consomment des contenus, mais aussi ce qui les incite à disséminer, à commenter ou à partager ces contenus avec d'autres, ou même à créer leurs propres contenus pour que d'autres puissent faire de même. C'est cette compréhension qui vous permettra de prendre la mesure des changements qui sont encore à venir.

L'évolution de la pratique des communications

C'était tellement plus simple dans le temps où nous n'avions qu'à nous préoccuper des médias de masse. Les médias de masse sont ce que j'appelle impoliment les communications préhistoriques, le modèle « voici ce que l'on pense ».

Bien sûr, aujourd'hui, tous les médias de masse sont en chute libre. Et j'inclus là-dedans des médias du type « journal d'entreprise ».

(Sérieusement, pensez-vous que les gens les lisent? Pensez-vous que les gens croient ce qu'il y a là-dedans?)

Heureusement, on a évolué. Légèrement. On est passé au modèle interactif; c'est le modèle que j'appelle «dites-nous ce que vous pensez».

Déjà, c'est une amélioration. Par contre, trop souvent, quand une entreprise, et je dis une entreprise, mais ça pourrait aussi bien être une association ou un organisme gouvernemental, ou encore un politicien, si une entreprise, donc, invite les gens à communiquer avec elle, elle le fait trop souvent avec un formulaire ou une adresse de courriel feedback@nomdel'entreprise.com. La personne invitée à commenter n'a plus qu'à se croiser les doigts, à espérer que son message se rendra à la bonne personne et qu'elle aura, un jour, une réponse à son message.

Les blogues et les médias sociaux sont la première occasion pour les consommateurs de vraiment communiquer entre eux et avec les entreprises. On retourne l'équation à 180°. Les consommateurs/membres/usagers/électeurs peuvent enfin communiquer directement avec les entreprises/associations/organismes/politiciens.

C'est le modèle que j'appelle «dites-vous, entre vous, ce que vous pensez». Et c'est un modèle qui connaît une croissance phénoménale.

Donc, si les médias sociaux sont en croissance et que les médias de masse sont en décroissance, qu'est-ce que ça signifie pour la façon dont on a toujours fait des relations publiques?

Des relations publiques?
Vraiment?

Même après environ 15 ans de métier en «relations publiques», ce n'est que depuis mon immersion dans le monde des blogues et des médias sociaux que je pense vraiment faire des « relations » « publiques ».

Ce que je faisais auparavant, ce n'était pas des relations publiques, c'était des relations avec des médias de masse. La capacité, nouvellement acquise, que les masses – justement – ont de choisir les informations qu'elles recherchent ainsi que celle qu'elles ont eux-mêmes de créer leurs contenus propres, sont les raisons de l'explosion des médias sociaux et des blogues.

Les relations publiques reposaient sur deux grands principes. Le premier était que nous (les émetteurs) étions chargés de produire des messages vers des publics (ce que nous appelions les récepteurs). Le deuxième était que nous (les relationnistes) étions chargés de contrôler les messages. Désolé! Ce monde n'existe plus. Les récepteurs ne sont plus que des récepteurs : ils émettent (et réémettent), eux aussi. Contrôler un message dans cet univers est illusoire.

Pourquoi les « récepteurs » sont-ils devenus des « émetteurs » ?

Une étude récente de l'Organisation de coopération et de développement économiques met en lumière quatre facteurs : des facteurs technologiques, sociaux, économiques et organisationnels.

Si les facteurs technologiques (connexions haute vitesse, multiplication des plateformes faciles d'utilisation, etc.), économiques (bas coût – ou même gratuité – pour les utilisateurs, notamment) et organisationnels (nouvelles formes de copyright, par exemple) sont faciles à comprendre, c'est à la question des facteurs sociaux qu'il faut s'attarder à mon avis.

J'en détermine quatre. D'abord, les jeunes, ceux que l'on appelle les « net natives » ou les « digital natives », par rapport aux immigrants que nous sommes, ainsi que les « geeks » ont une plus grande facilité avec les outils utilisés. Un site Web et sa navigation, ils en comprennent l'utilisation de façon quasi instinctive. Ils ont aussi des opinions et le Web est leur outil pour les partager. Enfin, ils hésitent moins à révéler des informations personnelles en ligne, ce qui pourrait revenir les hanter, d'ailleurs.

Ensuite, on s'aperçoit que les blogues et les médias sociaux permettent aux gens de créer et de s'exprimer d'une façon que les médias traditionnels ne permettent pas. Lancer une chaîne télé ou un quotidien est quasiment impossible. Lancer un blogue ou un *podcast*, c'est à la portée de tous. De plus, ces médias permettent plus d'interactivité que leurs prédécesseurs.

Puis, les projets collaboratifs, basés sur des communautés d'intérêts, attirent de plus en plus d'utilisateurs qui, une fois qu'ils y ont goûté, se mettent à participer à d'autres projets du même type.

Enfin, plusieurs domaines dans lesquels les gens sont actifs et qui les passionnent – l'engagement social et la politique, notamment – sont des créneaux par lesquels de nombreux blogues et médias sociaux prennent leur envol. On ne peut passer sous silence l'utilisation que Howard Dean, alors candidat à la convention démocrate américaine, avait faite des blogues et des médias sociaux dès 2000 !

L'échelle
de la participation

Les blogues, c'est plus qu'une question de communication, c'est une question de participation. Les blogueurs sont des individus avant d'être des porte-parole ou des médias. On doit les traiter d'une certaine façon. Pour avoir discuté avec plusieurs blogueurs, qu'ils soient en entreprise ou pas, j'en suis venu à développer ce que je décris comme étant l'échelle de la participation. On ne se jette pas dans ce monde sans passer par certaines étapes. L'échelle de la participation les décrit.

Trouver

Trouver des blogues et des médias sociaux qui parlent de votre entreprise ou de l'industrie dans laquelle vous êtes actif, c'est la première et la plus facile des étapes. Deux outils vous aideront particulièrement: Technorati[48] et l'outil de recherche de blogues de Google[49].

J'ai souvent mis des sceptiques au défi de me trouver un sujet sur lequel il n'y avait pas de blogue. Parmi les plus originaux qu'on m'ait soumis, il faut que je mentionne le tricot. Eh bien! J'ai trouvé plusieurs blogues qui étaient écrits par des fanatiques de cette activité.

Écouter

Comme on l'a martelé plus haut, les blogues ne sont pas des médias classiques. L'individualité des blogueurs est beaucoup plus importante. Il est donc essentiel de connaître les blogueurs, plus encore que les journalistes avec lesquels nous traitons habituellement. La deuxième étape de l'échelle de la participation consiste à être à l'écoute des blogueurs avec qui nous pourrions avoir l'intention de communiquer.

Encore une fois, des outils sont à notre disposition: Bloglines[50], Google Reader[51] et Netvibes[52] sont parmi les plus populaires des agrégateurs qui nous permettent de nous abonner aux fils RSS des blogues qui nous intéressent. Ils sont en ligne et ils sont gratuits.

---

48. [technorati.com]
49. [blogsearch.google.com]
50. [bloglines.com]
51. [google.com/reader]
52. [netvibes.com]

Commenter

La fonction « commentaire » varie d'un blogue à l'autre. Certains les permettent systématiquement. D'autres demandent de remplir une boîte CAPTCHA (ou *Completely Automated Public Turing Test to Tell Computers and Humans Apart*) pour empêcher le *spam* automatisé. D'autres encore demandent une procédure plus complexe d'inscription. D'autres sont modérés, en ce sens que le blogueur doit accepter les commentaires pour qu'ils soient mis en ligne. Enfin, certains refusent carrément les commentaires.

Plusieurs blogues adoptent une politique de commentaire qui pourrait se résumer à : j'accepte votre commentaire, à la condition qu'il soit formulé sur un ton que j'accepterais dans le cadre d'une conversation dans mon salon. C'est le « Living Room Rule », d'abord institué par Shel Israël, un des coauteurs de *Naked Conversations*.

Vous trouverez ailleurs dans ce chapitre certaines recommandations pour faire des commentaires de qualité. Néanmoins, il est important de mettre l'accent sur un aspect : la transparence. La blogosphère est d'abord un monde d'individus, pas d'entreprises. Des individus qui ont des noms, des emplois, des familles, des vies. Ce n'est que récemment que les entreprises – et les porte-parole – ont commencé à s'y tremper. Dans ce contexte, il est particulièrement important d'être transparent. Si vous avez un intérêt ou un parti-pris pour une question soulevée dans le billet d'un blogue et que vous voulez commenter ce billet, révélez-le !

Si vous pensez que vous pouvez passer votre intérêt sous silence et ne pas vous faire prendre, vous vous trompez. Le nombre d'entreprises qui se sont fait mettre dans l'eau chaude parce que quelqu'un a commenté un billet sans révéler son parti-pris est très élevé.

Participer

L'étape ultime est, évidemment, celle de participer en lançant son blogue d'entreprise. Si lancer un blogue est simple, bien le faire est compliqué. Je ne conseillerais à personne de se lancer sans un certain accompagnement.

Utilisation des blogues à l'externe

De plus en plus d'entreprises se jettent à l'eau en approchant des blogues et en profitant des médias sociaux. Il existe des dizaines de blogueurs qui sont intéressés par vos produits et services. Si vous communiquez avec eux, ils se feront un plaisir d'échanger avec vous et, peut-être, d'en parler dans leur blogue.

Nokia l'a fait avec succès pour ses téléphones. L'entreprise a choisi un certain nombre de blogueurs, leur a fait parvenir des téléphones et leur a demandé de les commenter. Tous les commentaires – positifs et négatifs – ont ensuite été intégrés dans un site Web mis en ligne par Nokia.

L'autre façon de s'impliquer dans la blogosphère, c'est en lançant son propre blogue d'entreprise. Parmi les questions que nous devrons nous poser, mentionnons :

- Quels sont les blogues qui nous inspirent ? Faites des recherches. Il y en a sûrement quelques-uns qui ressemblent à ce que vous souhaitez réaliser.

- Quels sont nos objectifs ? Certains créent des blogues pour se positionner comme des leaders dans leur champ d'activité. D'autres, pour accroître leur notoriété ou celle de leur produit ou service. D'autres, pour développer un nouveau canal de communication avec leurs clients existants.

- Quel ton allons-nous adopter ? La plupart des blogues adoptent un ton qui ressemble beaucoup à leur rédacteur : c'est un média qui est très individuel. Si cela peut fonctionner pour certaines entreprises, d'autres pourraient ne pas apprécier.

- Quelles règles allons-nous établir pour les employés qui bloguent ou qui commentent d'autres blogues en notre nom ? Faites une recherche sur « blog policy » à l'aide de Google, vous trouverez de quoi vous inspirer.

- Quelle plateforme allons-nous choisir ? Blogger ? Typepad ? Movable Type ? Drupal ? Wordpress ? (Je recommande cette dernière option.)

- Qui bloguera ? Notre PDG ? Notre directeur des communications ? Une seule personne ? Plusieurs employés ? Si oui, est-ce qu'il faut vérifier le contenu de chaque billet avant qu'il soit mis en ligne ?

- Qui s'occupera de faire connaître le blogue ? Il faut l'inscrire à certains répertoires, créer un *blogroll*, faire connaître son existence aux autres blogues du même secteur ainsi qu'aux médias traditionnels...

Utilisation des blogues à l'interne

Une fois qu'on a compris les atouts des blogues à l'externe, on peut appliquer les mêmes tactiques à l'interne. En fait, plusieurs entreprises débutent ainsi.

Le blogue est probablement le meilleur outil de communication pour effectuer le suivi d'un projet sur lequel plusieurs personnes travaillent ensemble. En plus de réduire le nombre de courriels adressés à plusieurs collègues, toute l'information se retrouve centralisée à une place, datée, signée et facile à trouver.

Un *podcast* de qualité pourrait facilement remplacer un journal interne. Les employés y sont abonnés, le fichier audio est téléchargé automatiquement sur leur ordinateur et ils peuvent l'écouter au moment où il le préfère.

TRUCS ET ASTUCES AVANT DE VOUS LANCER !

Quelques choses à faire avant de faire plonger votre entreprise :

- Abonnez-vous aux fils RSS de blogueurs qui sont dans le domaine depuis quelque temps : commencez par ceux des auteurs de ce livre.
- Consultez les blogrolls de chacun d'entre eux, vous y trouverez des pistes intéressantes.
- Ouvrez des comptes Facebook, MySpace, LinkedIn, Twitter, Flickr, YouTube, Canoë, del.icio.us.
- Trouvez lesquels de vos collègues utilisent déjà des blogues ou des médias sociaux : cherchez, vous les trouverez.
- Trouvez les réseaux (blogues et forums de discussion) où vos clients sont actifs.
- Participez comme individu avant de le faire comme porte-parole.

Comment commenter :

Le fait de laisser un commentaire sur un billet sera vraisemblablement un de vos premiers contacts avec un blogueur. Voici comment s'y prendre. On laisse un commentaire :

- en ajoutant une information nouvelle ;
- en posant une question intelligente qui permet au blogueur ou à ses visiteurs d'entretenir la conversation ;
- en soignant son orthographe (vous seriez surpris !) ;
- en étant honnête et transparent ;
- en étant respectueux.

Conclusion

Les blogues sont à la fois une occasion et un danger pour les communicateurs d'entreprise. Par contre, si les communicateurs n'effectuent pas un changement de mentalité quant aux façons de voir leur mandat, ils échoueront lamentablement. Et, s'il n'est pas facile de changer de mentalité, une remise en question de nos façons de faire est essentielle avant de décider d'utiliser ce type de média.

Pour savoir si le fait de participer à la blogosphère et au monde des médias sociaux est une bonne idée ou non, il faut d'abord connaître les us et coutumes de ces communautés et se demander pourquoi on veut y participer. Si c'est pour communiquer « avec » ses publics, on est sur la bonne voie. Si c'est pour transmettre de l'information « à » ses publics, on fait fausse route.

La clé, pour réussir, c'est d'offrir notre respect aux blogueurs, c'est d'être honnête et transparent, et c'est d'être à l'écoute des autres.

CAS VÉCUS

Quelques petites entreprises qui bloguent :

- Thomas Mahon (un tailleur anglais) : http://www.englishcut.com/
- Stonyfield (une laiterie) : http://www.stonyfield.com/weblog/
- Stormhoek (un producteur de vin sud-africain) : http://www.stormhoek.com/
- Signs Never Sleep (un fabricant d'enseignes au New Hampshire) : http://signsneversleep.typepad.com/
- A Painting A Day (un peintre en Virginie) : http://duanekeiser.blogspot.com/
- Nancy Boy (un fabricant de produits pour hommes) : http://blog.nancyboy.com/Home/Blog.html
- Butler Sheetmetal (un ferblantier anglais) : http://www.butlersheetmetal.com/tinbasherblog/
- AskPatty (une consultante dans le domaine automobile) : http://www.askpatty.com/
- Northfield (une entreprise de construction) : http://northfieldconstruction.net/
- JewelBoxing (fabricant de boîtiers pour DVD) : http://www.jewelboxing.com/blog.php

Quelques grandes entreprises qui bloguent :

- Dell : http://direct2dell.com/
- General Motors : http://fastlane.gmblogs.com/

▶

- IBM : http://www.ibm.com/blogs/zz/en/
- Sun Microsystems : http://blogs.sun.com/jonathan/
- Boeing : http://boeingblogs.com/randy/
- Microsoft : http://blogs.msdn.com/
- Marriott Hotels : http://www.blogs.marriott.com/

BLOGUER POUR PROVOQUER

Martin Ouellette

Michel Leblanc, blogueur émérite et ami, m'appelle. Il me demande si je veux participer à un livre dans lequel des blogueurs partageront leurs impressions, leurs croyances et tralala. Par orgueil et goût du défi, je dis oui. Il me demande alors quel sujet je voudrais aborder, m'expliquant qu'untel allait écrire que « bloguer, c'est vendre », un autre que « bloguer, c'est éduquer » – je m'arrête, vous avez vu la table des matières. Alors, je dis, par provocation : « Moi, je blogue pour séduire ! » Ok. Il trouve ça bien et m'annonce que 3000 mots sont attendus. Trois mille ! C'est pas un billet, c'est un roman ! Moi qui d'habitude fais des haïkus que j'accompagne d'images, je me suis retrouvé dans le pétrin. Je ne suis pas un auteur, moi, je suis un blogueur.

J'ai raccroché le téléphone et commencé à ruminer sur ma grande gueule orgueilleuse qui avait dit : « Oui, Michel, avec plaisir ! » Des fois, je m'en veux d'être con.

J'ai alors rectifié le tir, non pas sur le fait que je sois con ou pas, mais sur le thème de mon chapitre. Je trouve que la séduction est une idée riche, mais pas pour 3000 mots. Alors, je vous fais la version en 30 mots : « Bloguer pour séduire. Billet après billet, comme dans un journal intime, on se met à nu. On converse, on échange.

Tout ça pour se montrer dans son humanité, sa vulnérabilité aussi.» Voilà! Mais 100 fois plus long que ça, je n'en aurais pas été capable. Je ne suis pas assez romantique sans doute. Je n'allais tout de même pas commencer mon texte avec une citation de Don Juan. J'ai donc changé d'idée et décidé de renommer mon chapitre, comme vous l'avez lu, «Bloguer pour provoquer». Ça a l'air un peu facile, un peu trop *brand-centric* (je travaille pour une firme qui s'appelle Provokat, après tout), mais n'empêche que j'y crois sincèrement, à cette idée de provocation.

Insérons cette thématique dans son contexte grâce à un peu d'histoire. Je bosse dans une agence de pub, Provokat, qui est spécialisée en publicité numérique. Vous comprendrez sans doute que, dans les circonstances, avoir une présence pertinente en ligne est nécessaire. Cordonnier mal chaussé mon œil, il faut ce qu'il faut. On ne dit jamais cuisinier affamé, quand même. Ainsi, nous avons toujours eu un site. En fait, nous en avions un avant d'avoir un bureau.

La première version de provokat.ca était comme un champ de mines. Une série de numéros cachait autant de surprises. Parfois, le visiteur vivait une petite expérience numérique. Plus loin, il avait peur ou éclatait de rire. Ailleurs, nous parlions de nos principes. Après, nous proposions un exposé sur le viral. Il n'y avait pas vraiment de portfolio sur notre site. Pourquoi? Parce que nous n'avions rien à montrer en ces premiers jours de notre existence. Le concept était simple par contre: nous avons tenté de faire vivre notre vision aux visiteurs de notre site.

Par la suite est venue la seconde version du site, complètement opposée à la première. Il s'agissait d'un répertoire exhaustif de nos jobs. Une petite section pour nos croyances, mais, contrairement au premier site, rien d'expérientiel (Dieu que je hais ce mot!). Cette version demandait beaucoup de soin pour les mises à jour. La plupart du temps, le site était figé et en retard.

À l'automne 2005, nous travaillions sur la version numéro trois du site, qui se voulait plus novatrice et actuelle. Encore un portfolio, mais plus de place pour nos commentaires. Nous n'avons jamais mis ce site en ligne. Nous avons eu la brillante idée de le remplacer par un blogue.

Nous n'essaierions plus de démontrer nos prouesses technologiques, ni notre compétence à créer une navigation originale et efficace. Ça, nos jobs le faisaient à notre place et avec davantage d'éloquence. Nous voulions seulement être vivants en ligne. Être présents. Avec cette version, nous essayions d'ouvrir un dialogue au sujet de notre vision, avec qui voulait bien devenir notre interlocuteur.

En bloguant, nous nous sommes lentement rendu compte du pouvoir de notre créneau. Nous n'essayions plus de convaincre de notre pertinence, développement d'affaires oblige, mais nous partagions sur qui nous étions. Notre personnalité, nos goûts, nos convictions et nos valeurs. Nous étions en train de séduire. Cependant, par la nature de nos propos qui dénonçaient la publicité traditionnelle (vous savez, celle qui englobe la télé, les imprimés et la radio), par notre style saccadé, nos risques et notre signature, nous avons commencé à provoquer. Nous nous sommes rendu compte que cette provocation n'était pas simplement juvénile. Elle s'inscrivait dans une conversation qui s'est imposée d'elle-même. Et c'est là que notre blogue a commencé à vraiment trouver sa pertinence.

Les définitions
de la provocation

Provoquer : Exciter quelqu'un, le pousser à une action.

Dans cette première définition, j'aimerais remplacer le mot « action » par celui « d'interaction ». Ne bloguer que pour soi, c'est futile et narcissique. Il faut bloguer aussi pour les lecteurs. On souhaite donner un point de vue, mais surtout amorcer un dialogue. Et un dialogue, ça se provoque.

Parenthèse : je crois que tout ce qu'on met en ligne fait partie d'une séquence. Quelqu'un arrive sur notre page avec une intention, ou au moins une attente. Il vit quelque chose et posera un geste. Il cliquera et interagira ou ira ailleurs. J'appelle cette séquence AÉR pour Action/Émotion/Réaction. C'est vrai pour une page dans un blogue, mais c'est aussi vrai pour une vidéo sur YouTube, une bannière sur Canoë, un courriel. On peut toujours déconstruire chaque objet en un chapelet de petites séquences AÉR : cette phrase, à la rigueur, obéit à cette règle. Elle a été construite pour que vous la lisiez. Fin de la parenthèse.

En tant que publicitaires, ou simplement en tant que personnes qui ne développent pas une relation sans objectif, nous devons chaque fois nous demander : « Que fera l'internaute après avoir lu, cliqué, joué ? » Et, ensuite : « Comment pouvons-nous l'amener à agir comme on le désire ? » Et, oui, comment le provoquer ?

En ligne, on ne force la main de personne. Les internautes sont maîtres de leurs actions. Ils sont éveillés aussi. Ainsi, pour susciter une réaction donnée sans tordre un bras, il nous reste la provocation. Celle qui passe par l'excitation ou une autre forme de « manipulation ». Bloguer n'échappe pas à cette nécessité. Si on veut que le visiteur nous laisse un commentaire, nous écrive, s'abonne à notre flux RSS, nous ajoute à ses signets, ou même nous appelle, il faut l'y inciter. Il faut provoquer cette action.

Provoquer : Lancer un défi à quelqu'un, l'inciter à se mesurer à soi.

Oui, bloguer, c'est lancer un défi. D'égal à égal. Je parle ici des vrais blogues, ceux qui acceptent, sans être frileux, des commentaires. Dans le dialogue, il n'y a plus d'auteur. Le blogueur a lancé une idée, un débat, mais, dès que les commentaires arrivent, il n'y a pas de hiérarchie, plus d'auteur et des lecteurs. On est tous des commentateurs. Souvent, avouons-le, ce sont des blogueurs qui commentent sur d'autres blogues. Les mauvaises langues disent qu'on le fait juste pour pouvoir s'attirer du trafic par échange d'hyperliens. Personnellement, je crois que nous commentons parce que nous savons que c'est facile et agréable de le faire. Et parce que nous aimons cette relation d'égal à égal.

Le nouveau Web est celui de la conversation, pas seulement le monde du citoyen/consommateur. Nous avons tous une place à table : annonceurs et consommateurs, blogueurs et commentateurs, générateurs de contenus et critiques. Cette présence, à pied d'égalité, est essentielle.

Se mesurer à d'autres est primordial pour toutes les parties impliquées. Rappelons que nous n'invitons pas à nous mesurer à nous, mais nous suscitons cette réaction. On revient ici à AÉR.

Provoquer : Faire naître, être à l'origine de, susciter.

On provoque des idées, des dialogues. C'est bien, tout ça, et c'est généreux. Il faut aussi marquer cette transformation, y mettre sa marque. Il est crucial d'être à l'origine du doute que l'on sème. Oui, cette dimension est égocentrique, et c'est permis dans un contexte de blogue d'affaires. Je veux que mes lecteurs se souviennent que c'est Provokat qui a semé telle ou telle idée. Je crois à ce que je lance, mais je crois aussi que je mérite un rendement sur le capital investi quant au doute que je provoque.

Dans la provocation, il y a donc aussi cette notion de paternité. On n'est pas bêtement, solitairement, provoqué. Quelqu'un nous provoque. Il faut être la source de l'émotion pour obtenir la réaction attendue.

J'aimerais pouvoir dire que cette arborescence du mot « provoquer » était préméditée, mais ça serait mentir. Nous avons simplement gardé le cap sur nos intuitions de départ et en avons assumé les effets.

Les conséquences
de la provocation

Nous avons eu plus de visites que jamais après la naissance du blogue. Le site qui faisait vivre notre vision d'entreprise tout en la
démontrant a connu sa part de succès, mais jamais autant que
notre blogue. La « provokation » attire les curieux.

Notre souci de la réaction nous a permis de recevoir des commentaires, de tisser des liens avec des fournisseurs, des clients, des
collègues-cousins en très grand nombre. Nous avons cité et nous
l'avons été. L'entreprise fait partie d'un milieu bien plus large que la
seule blogosphère.

Finalement, notre ton, qui est parfois cru, souvent impopulaire, a
eu un effet indéniable. Ne semblant pas être mus par la séduction
ni par la volonté d'être aimés à tout prix, nous avons été considérés
comme crédibles. Nous semblions honnêtes. Cette sincérité a été
payante en bout de ligne.

Sur quel critère se base-t-on pour choisir un partenaire d'affaires,
qu'il s'agisse d'une agence de pub ou pas ? Les compétences de
base, certainement, mais souvent un client détermine un petit
groupe de fournisseurs qui semblent tous avoir les aptitudes mini-
males. Ce qui motive le choix de partenaires est principalement
l'équipe. On choisit des gens avec qui on désire travailler – le mot
« désire » est ici très important. Devant cet état de fait, quoi de
mieux qu'un blogue pour s'exposer dans toute son humanité ?

À vouloir séduire, on s'est mis à provoquer. En provoquant, nous
avons affiché notre honnêteté et notre passion. Ainsi, nous avons
pu inciter des clients potentiels à faire l'action de nous appeler.
Nous avons aussi pu recruter du personnel et des fournisseurs qui
nous ressemblaient. Nos fournisseurs ne nous appellent pas pour
nous vendre une banale bannière, ces représentants nous appellent
quand ils croient qu'ils ont quelque chose d'unique à proposer. Les

CV qu'on reçoit sont rarement de grandes enfilades de banalités. Les clients qui nous appellent ont parfois peur et découvrent qu'on est moins furieux qu'on ne le laisse paraître. Jamais nous ne recevons un appel d'un client frileux. C'est d'ailleurs tant mieux pour nous... et pour eux.

En nous accordant le droit de ne pas plaire à tous, nous avons su établir une conversation honnête qui n'aboutit pas dans le travestissement. Avec un blogue cru, on n'attire pas des ballerines. Bloguer en provoquant devient un moyen efficace de grandir en adéquation avec la personnalité de l'entreprise.

La mécanique de la provocation

Au fil des billets, en rétrospective, nous nous sommes aperçu que quelques procédés contribuent à obtenir l'effet souhaité. En voici quelques-uns que, question de provoquer une réaction, je présenterai comme des absolus.

LES 8 ABSOLUS DE LA PROVOCATION

1. Dites ce qui n'est pas dit.

Des lieux communs, ça ne donne rien, ça ne fait pas avancer le discours. Si je blogue sur le fait que l'été est chaud et qu'Internet est stimulant, je gaspille des pixels et le temps de mes lecteurs. Avant de prendre la parole, prenez le temps de lire. On n'a pas besoin d'un blogue de plus qui partage les mêmes nouvelles. De grâce, ne faites pas de «xeroxing».

Au minimum, ajoutez votre grain de sel. Poussez un peu plus loin la recherche. Je vois sur un blogue une pub en ligne. J'ai le goût d'en parler, moi aussi. Eh bien! Je fouille, je trouve l'agence, je trouve un lien plus complet, j'y greffe une analyse, une anecdote. J'augmente la nouvelle, je ne peux me contenter de la relayer. La pertinence de votre billet se trouvera souvent plus dans les ajouts que dans les liens.

▶

Pour être «le cité» et non «le chevron», il faut nécessairement créer. L'avantage qu'on fasse référence à votre billet dans d'autres sites ou blogues n'est pas une simple question d'orgueil. C'est aussi une question de profitabilité. Plus vous serez originaux, plus on vous citera, plus aurez des liens qui mènent vers votre site, plus Google vous trouvera pertinent, plus votre blogue sortira en tête de liste dans votre spécialité, plus vous aurez de visiteurs, plus vous aurez de chances d'en convertir à votre projet, plus votre blogue sera profitable.

2. Dites ce qui n'est pas populaire.

Les billets que j'ai écrits qui ont suscité le plus de commentaires étaient ceux qui décriaient le prix exorbitant des bannières (j'avais utilisé l'expression «la peau du cul» dans le titre) et les erreurs de placement publicitaire des têtes à claques. Un billet où je dénonçais les représentants d'espaces publicitaires m'a valu l'appel d'un nouveau client.

On les appelle parfois «idées dangereuses». Des idées qui menacent les croyances convenues. Le concept même de publicité de gauche est dangereux. Quand j'affirme que les bannières sont beaucoup trop chères, que la télé est morte, que les agences escroquent leurs clients, je joue avec le feu. Parfois, je me brûle, mais jamais je ne souffre seul.

Oui, au passage, j'ai froissé des gens et piétiné des idées reçues, mais ça a toujours été payant. Ma sortie sur les 10 raisons pour lesquelles les agences traditionnelles résistent à faire du numérique m'a valu plus de visites que mon billet sur la pub de Sony. Quand on froisse une personne, on en rassure une autre, et cet autre viendra à vous.

3. Exagérez toujours votre point de vue.

Exagérez mille fois plutôt qu'une. Ça, c'est un vieux truc de blogueur. Votre blogue n'est pas la place pour toutes les nuances et toutes les dentelles. On place une bombe. On attend de voir si ça réagit, on ajuste son tir, mais au moins la conversation est amorcée.

Un billet est un peu comme le chapeau dans un article de quotidien : c'est la conversation qui s'ensuit qui est le corps du texte.

Trop d'idées passent inaperçues parce qu'elles n'ont pas été défendues avec fougue. La caricature fait nécessairement image. Je sais, je sais. Exagérer, c'est mentir. Cependant, dans la grisaille, dans le chapelet de fadeur, il faut beurrer épais. Sinon, il ne restera rien.

4. Faites court.

Les gens sont pressés. Une idée claire marque plus qu'un long discours. D'accord, c'est moins profond, mais, encore une fois, on blogue pour converser, pas pour discourir. De longs articles où les auteurs bloquent systématiquement les commentaires ne sont pas des billets de blogues, mais des pamphlets.

Un ami rédacteur me disait de me relire quand j'avais fini. Je réussirais toujours sans problème à couper 10%. J'avoue qu'en ce moment, vu que c'est sur du papier, je fais l'inverse. J'ai fini d'écrire le premier jet de ce texte et il faut que j'en double la longueur. L'exercice n'est pas aisé ; j'avouerai même qu'il est contre nature.

Faire court en provocation, c'est donner une gifle, montrer un sein pendant une fraction de seconde, lancer un défi. La séduction aime faire languir, la provocation, elle, est comme l'éclair.

5. Dites ce que vous pensez.

Il est inutile d'écrire ce que vous imaginez que les autres attendent de vous. C'est de la prétention de penser que vous savez ce qu'ils veulent et de la dépendance affective d'essayer de le leur donner. Ça ne peut qu'être un tissu de futilités.

Si vous prenez la parole, osez et dites ce que vous pensez réellement. Ne jouez pas de rôle. Ne vous transformez pas. Vos croyances s'afficheront tôt ou tard, au fil des billets, alors pourquoi ne pas les exposer le plus vite possible ?

Je présume ici que vous êtes un libre penseur. Que vous êtes capable d'avoir une opinion unique. Si vous en êtes incapable, renoncez à bloguer. Laissez les pixels aux autres.

▶

6. Ne bloguez pas tous les jours.

Ceux qui bloguent tous les jours n'ont que ça à faire, ou ils se prennent pour un nouvel essayiste méconnu. Seul l'appétit ou l'orgueil peut pousser quelqu'un à s'imaginer que son propos peut être suffisamment pertinent pour écrire tous les jours.

Attendez d'avoir quelque chose à dire et écrivez-le avec force et conviction. Que ça vienne toutes les semaines ou toutes les quinzaines, on s'en fout. De plus en plus de personnes s'abonnent aux blogues par flux RSS et reçoivent vos billets quand ils sont prêts. Les flux qui m'envahissent de stupidités et de mièvreries quotidiennement prennent le bord de la corbeille.

La provocation est un art dont il faut user à bon escient.

7. Amusez-vous.

L'écriture, comme la provocation, est un jeu. Il vaut mieux prendre plaisir à écrire, à lancer des roches dans l'étang, à faire des grimaces aux flics.

Toute cette mécanique doit, elle aussi, se faire avec légèreté et humour. Sinon, on est simplement adolescent. Quand on s'en rend tous compte, on devient tous complices. C'est alors qu'on dépasse la conversation et que l'on entre dans l'affinité.

Souvent, ce que je considère comme une victoire, c'est quand je lis un commentaire dans mon blogue qui me rend la monnaie de ma pièce, qui me fait goûter à ma propre médecine. À ce moment-là, je me sens complice. Je sens que je suis devenu un blogueur.

8. Ne faites pas « que » provoquer.

Finalement, rappelez-vous que la provocation est une épice. Il ne faut jamais oublier la substance principale. Tout cela n'est qu'un processus relationnel. Bloguez sur vous, votre entreprise. Parlez de ce qui vous tient à cœur.

Cependant, dès qu'il vous vient du courage, mettez autant d'épices que vous le pouvez. Là, votre blogue trouvera vraiment sa raison d'être.

Au plaisir de commenter votre prochain billet.

BLOGUER POUR SE SOUVENIR

Claude Malaison

Le rapport de l'homme et des entreprises à l'information et à la connaissance est bouleversé par l'évolution fulgurante des nouvelles technologies, en particulier par l'apparition de ce que l'on nomme maintenant le Web 2.0. Ainsi de nouveaux modes de communication, de consommation, de travail et d'expression plus personnels et « démocratiques » sont en train de modifier l'accès à la connaissance, sa diffusion et son partage.

Comment intégrer les nouvelles générations en entreprises[53] et surtout comment créer à leur intention une mémoire d'entreprise ? J'ai fait de nombreux billets sur mon blogue, au cours des derniers mois, pour expliquer mes réflexions sur la mémoire d'entreprise. Pour la créer, neuf prérequis :

- Bâtir les savoirs (multiplication des wikis)
- Communiquer les savoirs (aggrégation de blogues)*
- Identifier les savoirs (mise en relation)
- Localiser les savoirs (géo-localisation)
- Récupérer les savoirs (*Peer-to-peer* avec les retraités)
- Documenter les savoirs (Carnets de vie)*

53. Digital Natives de Marc Prensky.

- Gérer les savoirs (Les entrepôts de données)*
- Rechercher les savoirs (*tagging*, recherche sémantique)
- Transmettre les savoirs (*vLearning*)

Parmi ces neuf, trois (*) portent sur ce que l'on nomme actuellement le phénomène des carnets, ou blogues. Je vais donc traiter plus directement de ces trois conditions préalables à la « souvenance ». Car il sera question, bien entendu, de mémoire. Et pas de n'importe laquelle... Je tenais à rédiger ce chapitre du livre pour parler de l'Entreprise 2.0. Parce que les blogues d'entreprise ne se limitent pas à l'image externe de l'entreprise, pour sa communication externe ou ses relations publiques, ou encore son marketing.

Communiquer les savoirs (agrégation de blogues)

À mon avis, les blogues sont beaucoup plus utiles à l'interne afin de permettre à l'entreprise et à ses employés de mieux communiquer entre eux. Je ne reviendrai pas sur la définition du blogue, mais, en entreprise, ils doivent être définis « en goupe ». Proches du concept d'espace projet, qui est mieux servi par le wiki, les blogues d'entreprise sont des espaces individuels de communication et de partage, qui permettent de regrouper (ou agréger) et mettre en valeur les expertises internes.

Intégrés dans l'intranet et/ou le portail de l'entreprise, les blogues sont clairement définis comme un lieu particulier où l'on trouve des groupes d'expertise, des lieux d'échanges et de communication sur des sujets très précis et pertinents à la mission et aux objectifs d'affaires de l'entreprise. Puisqu'il est question de blogues et d'agrégation, je parle donc de coupler et de mélanger (*mashup*) deux technologies du Web 2.0, soit le blogue et les fils de presse Web, que l'on nomme habituellement flux RSS (pour Really Simple Syndication), et ainsi de créer un mini-portail personnalisé de blogues d'expertise, selon l'unité, la division, le service.

À ces endroits, plusieurs employés, spécialistes dans leur domaine, tiennent à jour et mettent en valeur leur expertise en publiant régulièrement du contenu Web sur leurs blogues respectifs et en répondant aux commentaires d'autres employés en quête de conseils ou à la recherche d'échanges d'idées.

Netvibes organise et personnalise les choix de fils RSS, et donc, des blogues technologiques. Faites la transposition de Netvibes en entreprise... Il est donc facile de concevoir, par exemple, une agrégation de blogues d'experts en vins à la SAQ, de conseillers en rénovation chez Rona ou d'experts en efficacité énergétique à Hydro-Québec!

Donner la possibilité aux employés, spécialistes ou pas, de s'exprimer avec le moins de contraintes et de contrôle possible n'est pas chose courante actuellement en entreprise. Pour toutes sortes de raisons, bonnes ou mauvaises, on craint que cette «liberté d'opinion» mette en danger l'image, la sécurité, la réputation et les avantages concurrentiels. L'entreprise et ses gestionnaires cultivent depuis longtemps le secret et contrôlent scrupuleusement image et message, deux piliers des communications en entreprise, domaines réservés aux spécialistes de la communication, du marketing et des relations publiques. Mais le Web 2.0 est en train de changer la donne. Le contenu généré par les utilisateurs n'est pas qu'une simple mode, mais plutôt la trame d'un profond changement social.

Et, comme nous faisons tous, par essence, partie d'un même village global, nous participons à ce changement, en étant inscrits à des sites de mise en relation professionnelle ou sociale (Facebook, Ziki, LinkedIn, Viadeo), en participant au savoir collectif sur des wikis comme Wikipedia ou encore en publiant régulièrement sur nos propres blogues, qu'ils soient personnels ou professionnels. À titre d'exemple, selon une étude américaine de Pew Internet & American Life, 57% des 12-17 ans aux États-Unis (12 millions) créent du contenu quotidiennement et le publient sur le Web! Ces jeunes sont les employés de demain...

Il n'est pas rare de voir des employés d'entreprises ou de sociétés publiques tenir leur propre blogue professionnel. Pourquoi ne pas utiliser ces forces vives pour la construction d'une expertise collective interne? Il faut avoir confiance dans ses propres employés et dans leur possibilité de publier un contenu pertinent dans un cadre d'entreprise souple et favorisant la participation et l'échange.

À ce titre, IBM fait figure de leader. En fait, International Business Machines a décidé de prêcher par l'exemple. En plus d'offrir à ses clients la suite collaborative Quickr avec blogues et wikis intégrés, l'entreprise offre aussi la suite Connections (mise en relation). À l'interne, on a donc mis ces produits à bon usage. Résultat: 26 000 blogues individuels, 20 000 wikis regroupant 100 000 participants... et un réseau social appelé BluePages qui «réseaute» plus de 400 000 personnes! Tous les employés peuvent bloguer et «podcaster». Pour éviter les débordements, personne n'est autorisé à rester anonyme dans l'intranet et l'entreprise s'attend à ce que chacun respecte un code de conduite spécifique.

Et, en plus de déclencher le partage de connaissance et d'expertise, les agrégations de blogues, ou fermes de blogues, comme certains les nomment, permettent l'articulation et l'organisation des idées, développent et maintiennent les expertises, humanisent l'entreprise, génèrent la communication et favorisent l'appartenance à l'entreprise.

Les deux derniers points sont essentiels à la compréhension du phénomène. En effet, dans la majorité des sondages internes effectués par les entreprises sur la satisfaction des employés, la question de la non-reconnaissance de l'expertise et des réalisations des employés revient toujours. Il en est de même pour la communication entre la direction et la base. Les deux affichent invariablement le plus haut taux d'insatisfaction...

Combien de fois entend-on la réflexion suivante en entreprise: «Mon expertise n'est pas reconnue. Ils préfèrent écouter un consultant externe»? Les blogues d'expertise constituent une des réponses à cette question. Une fois mise en évidence cette expertise interne, pas besoin de parier sur le fait que chaque employé participant à un blogue se fera un point d'honneur d'y publier du contenu pertinent et à jour, surtout pour être reconnu par ses pairs... Et que ceux qui y écriront des commentaires le feront pour la même raison.

La mise en valeur et le partage d'expertise sont des générateurs d'appartenance

En s'appropriant les outils de communication et de partage, on s'approprie par le fait même l'entreprise. En communiquant et en partageant avec les autres employés et en étant reconnu comme expert dans son domaine par l'entreprise, on fait partie d'une communauté : l'Entreprise 2.0, une entreprise beaucoup moins hiérarchique, plus horizontale, celle que Jon Husband qualifie de « Wire-archy ». Une telle entreprise est plus attirante pour les nouvelles générations, donc plus susceptible de les retenir. Moins hiérarchique, plus participative, offrant plus de flexibilité dans l'organisation du travail.

Pour qu'elle corresponde mieux à leur qualité de vie, ils s'attendent à une entreprise plus « lieu-neutre ». En fait, ils veulent pouvoir travailler d'où ils veulent et avec qui leur semble pertinent. Les blogues internes répondent à ce besoin, car, en fait, ils font déjà partie de leur arsenal de communication et de socialisation.

Les PDG peuvent-ils bloguer ?

Le second point est plus délicat, car il touche la ligne hiérarchique et les services de communication interne traditionnels. En effet, un blogue peut-il servir à améliorer la communication entre la direction supérieure d'une entreprise et les employés à sa base ? Un PDG peut-il bloguer avec ses employés ?

Plusieurs entreprises sont tentées de le faire. Dans certains cas, pour suivre une tendance, dans d'autres cas, pour répondre au véritable besoin de communiquer directement. Mais ce n'est pas si facile... Bloguer, c'est écrire soi-même, régulièrement, et c'est dire «la» vérité... Un PDG doit donc comprendre que, s'il décide de le faire, il doit être disponible, franc, honnête, ouvert aux commentaires et à la critique, et, surtout, il doit être disponible, publier et répondre aux commentaires régulièrement. Cela signifie qu'il devra consacrer au moins deux heures par jour à cette activité.

Trop de temps dans un horaire déjà très chargé? On dit toujours qu'il faut prendre le temps de bien faire les choses. Bien communiquer prend du talent, mais aussi du temps. Établir un contact direct avec ses employés effraie habituellement toute la ligne hiérarchique et les services de communication interne. Il y a de quoi! Ils ne contrôlent plus le message, aussi bien celui du PDG que celui des employés.

La hiérarchie et les services de communication traditionnels empêchent ce genre de communication directe. La majorité des gestionnaires et communicateurs en place ont été «instruits» du fait que l'information «est» le pouvoir et que ce pouvoir ne se partage pas. Ils «distortionnent» toujours le message en cours de route du haut vers le bas ou l'inverse. De plus, il n'est pas rare qu'on empêche les employés d'échanger latéralement, entre divisions ou unités: les silos ou cheminées... Ces silos sont mis en place pour créer des mini-entreprises qui vont, dans le pire des cas, entrer en compétition entre elles. Le but, générer performance et profit. Personne ne se parle et surtout pas question de partager ni de collaborer!

Dans pareil climat, insérer des blogues d'expertise à commentaires directs semble impossible, une hérésie! Pourtant, plusieurs services de communication flirtent avec l'idée. En fait, les communicateurs et les dirigeants veulent que la direction et les employés se parlent, mais pas directement; dans des environnements sécurisés, à l'abri des regards indiscrets. Ils demandent des blogues «modérés», avec commentaires filtrés, ce qui revient à mettre en place de bon vieux forums de discussion, lesquels d'ailleurs n'ont jamais connu de véritable popularité au sein des entreprises. Mal connus, mal utilisés, ces derniers ont rapidement sombré dans l'oubli...

Des blogues en entreprise, oui, mais pas pour n'importe quelle raison et pas dans n'importe quel but. Donc, si c'est pour déterminer et mettre en valeur l'expertise des employés, alors, oui, c'est possible et même souhaitable ! Bloguer pour se souvenir, c'est mettre en place des agrégations de blogues pour que l'expertise se regroupe, se dynamise et se mette en valeur, mais aussi pour qu'elle soit disponible et surtout pour que les savoirs ainsi créés soient archivés, documentés...

Moins que l'implantation des sites de mise en relation à l'interne, les agrégations de blogues permettent la détermination des savoirs : déterminer qui fait quoi au sein de l'entreprise. Pas besoin d'attendre d'avoir 20 ans d'ancienneté pour être capable de situer les expertises requises. Dans l'Entreprise 2.0, elles seront regroupées et clairement accessibles, en partie grâce aux blogues...

Documenter les savoirs (*LifeLogs*, ou carnets de vie)

Au cours des derniers mois, plusieurs blogues et Webzines français, dont Leblogueur.com ou Toute seule avec... et Internet Actu, ont fait référence aux travaux du Nomura Research Institute de Tokyo et présumé de l'évolution du Web 2.0 d'ici 2011 et l'apparition vers 2010 de la prochaine génération de blogues : les *LifeLogs*, ou carnets de vie. Le terme apparaît dans Wikipédia, car, vous le verrez plus loin, plusieurs organismes américains, dont certains militaires, s'intéressent au phénomène depuis des années déjà...

Voici la feuille de route du Nomura Research Institute. Elle me fait étrangement penser à un graphique sur lequel je travaille et qui vise à expliquer l'émergence et l'évolution des nouvelles technologies d'ici 2020 et qui, pour le moment, n'en est pas à sa forme finale, même s'il a été présenté en avril à Webcom-Montréal 2006.

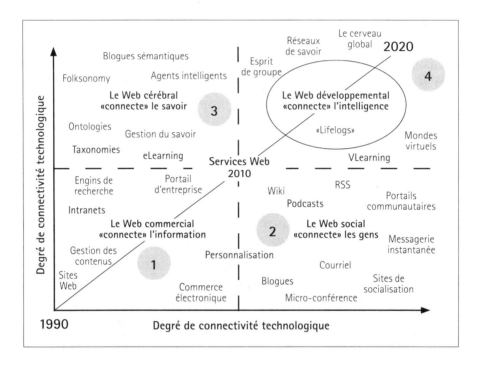

Ce graphique et celui du Nomura Research Institute mettent en lumière l'apparition des *LifeLogs* en tant que synthèse de plusieurs technologies d'exposition de soi (blogues, vlogues, wikis, plateformes de mise en relation et de partage) et venant répondre au nouveau courant «développemental» d'exploration de soi, autrement dit, le «mieux-être». Et ce courant passe, entre autres, par la mémoire, du moins en entreprise...

C'est un secret de polichinelle : d'ici 10 ans, pas moins de 60 % de la main-d'œuvre des grandes entreprises québécoises, des sociétés paragouvernementales et aussi du gouvernement lui-même prendra sa retraite. Un énorme problème en perspective en matière d'expertise et de mémoire d'entreprise. Créer cette mémoire et retenir cette expertise font partie des fantasmes les plus avoués de tout responsable des ressources humaines et la solution dans ses rêves les plus fous...

Certains auteurs se sont déjà penchés sur le problème avec des ouvrages comme *Lost Knowledge*, de David DeLong, et *Mémoire d'entreprise*, de Joanna Pomian. Mais, au moment d'écrire leur bouquin, le Web 2.0 était dans les limbes et les *LifeLogs*, un projet « secret » de nos voisins du Sud, et aussi dans les cartons d'un chercheur chez Microsoft... ·

Les *LifeLogs*, ou carnets de vie, sont nés d'un projet de l'Information Processing Technology Office et de la Defense Advanced Research Projects Agency. Il s'agit d'un projet basé sur un système technologique orienté-ontologies qui capture, stocke et rend accessible tout le bagage et l'expérience de vie d'une personne ainsi que ses interactions avec le monde afin de nourrir des agents intelligents et d'autres potentialités du système.

Le but est que le système puisse ensuite « suivre » la personne, tracer des « fils de vie » en termes d'événements, d'états d'esprit et d'interrelations humaines et « proposer » des changements ou améliorations. Pour constituer les immenses bases de données nécessaires et ainsi créer un « carnet de vie », le système doit compiler toutes les activités électroniques de l'individu! Big Brother, diront certains... Mais les *LifeLogs* auront une utilité certaine. Ils serviront notamment aux sites et aux applications médicales ainsi qu'aux plateformes de nouvelle génération axées sur le bien-être, ou *wellness*. En version plus personnelle, ou plus entreprise, entre en scène notre chercheur avec son projet jusqu'alors farfelu : MyLifeBits.

MyLifeBits est une idée tout droit sortie de l'imagination de Gordon Bell, dès son entrée chez Microsoft, en 1995. Depuis ce temps, le Californien travaille inlassablement sur le concept et en est arrivé en 2005 au projet actuel, qu'il a détaillé dans une présentation faite à la conférence SIGMOD. Actuellement, Bell est en train de tester le concept : pouvoir emmagasiner toute une vie d'écrits, de livres, de cartes, de CD, de lettres, de courriels, de mémos, de rapports, de photos, d'images, de présentations, de films, de bandes vidéo, de DVD, d'émissions télé, de revues de presse, de conférences Power Point, de *podcasts*, de blogues, d'enregistrements audio, de conversations téléphoniques, etc. Et tout cela emmagasiné et numérisé dans une base de données unique avec recherche intégrée.

Des vrais carnets de vie
en entreprise

Toute l'expertise capturée au jour le jour, classée et surtout récupérable. Les Anglais disent *retrievable*. En entreprise, imaginez... Un employé entre au service d'une entreprise à 20 ans et la quitte, disons, à 50... Il aura accumulé 30 ans d'expériences diverses, d'expertise cumulative, acquise au fil des ans et à grands frais et tout cela sera perdu au moment où l'employé quittera l'entreprise. Car, pour l'instant, tout est perdu, avec des conséquences graves pour les entreprises. Les promesses des outils logiciels et des technologies de *Knowledge Management* de génération 1.0 n'ont pas réglé le problème : trop lourds à installer, trop complexes à utiliser. La solution passe par l'intégration des technologies actuelles de capture de cette expertise afin de créer la « mémoire de l'entreprise ». Ce sont les blogues, les wikis, les plateformes de mise en relation, les fils RSS, les nouveaux moteurs de recherche sémantique et *open source*, les nouveaux outils de géoréférencement, de partage de vidéos et de photos qui vont permettre de créer cette mémoire, en plus, bien sûr, des banques de données existant déjà dans les couches de gestion documentaire en entreprise et d'autres, énormes, qui seront créées, on le verra, par Google et Microsoft.

Le géant de Redmond
n'est pas seul...

De l'autre côté de l'Atlantique, Nokia, l'entreprise de télécommunications finlandaise, le plus grand fabricant mondial de téléphones cellulaires (devant Motorola et Samsun5 en 2005, avec près de 32,6 % des parts du marché), est déjà en mode offensif et propose déjà aux blogueurs l'opportunité de créer leurs carnets de vie. Nokia propose ainsi Lifeblog, un logiciel intelligent et convivial. Il permet de stocker, d'organiser, de lire, de rechercher et de modifier des fichiers multimédias sur téléphone et sur PC. Prendre des photos avec un téléphone cellulaire et les publier sur le Web en moins d'une minute. Nokia parle d'une nouvelle action, d'un nouveau verbe : « lifebloguer » ! Lifeblog est un logiciel s'installant conjointement sur un téléphone et un PC. Vous pouvez aussi passer de l'un à l'autre et ainsi libérer de l'espace sur le téléphone en le connectant à votre PC et en enregistrant les fichiers sur le disque dur. Cela permet alors de consulter, de modifier et de bloguer au moyen de l'interface Lifeblog pour PC. Vous pouvez aussi conserver vos numéros préférés sur votre téléphone afin de les montrer quand vous le voulez. Le logiciel développe une chronologie au fur et à mesure que vous prenez des photos, enregistrez des clips vidéo, envoyez et recevez des messages. La chronologie est à la base du carnet de vie et un premier pas menant vers lui...

Gérer les savoirs (les entrepôts de données)

De l'autre coté de la frontière s'amorce une lutte de titans entre Google et Microsoft. Une guerre commerciale et technologique sur plusieurs fronts, dont ceux de la vitesse de transmission, la capacité d'entreposage des données et les services Web, et qui a pour enjeu rien de moins que toutes vos données.... ou l'ensemble des *LifeLogs* qui seront créés.

Sur le front de la vitesse existe depuis des années entre l'Asie et les États-Unis le PCi Cable System. Ce dernier offre actuellement une possibilité de 180 gigabits/seconde (Gbps) et a été conçu pour atteindre UN térabit/seconde (Tbps) ! En comparaison, imaginez que Vidéotron envisage présentement la possibilité de nous offrir une « extrême haute vitesse » Internet de 100 mégabits/seconde (Mbps). Cette méga-autoroute n'a pas été mise là par hasard. Google et Microsoft en sont les utilisateurs commerciaux privilégiés. Ils ne sont pas seuls, car les universités et les militaires y sont également. Mais Google et Microsoft voient en ce réseau « téra-rapide » autre chose que de la vitesse. En fait, ils sont en train d'installer des méga-usines de serveurs et d'entreposage de données en Oregon et dans l'État de Washington (sur le chemin du PCı).

Ce que les deux entreprises visent ? D'une part, avoir assez de capacité de stockage de données pour être capables de soutenir une offre crédible pour des *LifeLogs*, aussi bien privés que d'entreprise. Car, comme pour les actuels blogues, la prochaine génération de carnets de vie sera aussi utile dans la vie de tous les jours que pour une entreprise qui désire se constituer une véritable mémoire... et cette entreprise n'aura généralement pas la capacité de stockage nécessaire, comme vous et moi à la maison !

Et pour tous, cependant, ces données seront essentielles, critiques, vitales... Google et Microsoft sentent bien que ce sera là leur pro-chain Eldorado. Et, pour que ces données ne soient classées nulle part ailleurs, elles ne visent rien de moins que de révolutionner l'ordinateur ! Les *laptop* ou *desktop* deviendraient de vulgaires termi-naux pour accéder à une foule de services Web, dont les LifeLogs. Sceptiques ? Il suffit de voir l'offre de services actuelle de Google et de se demander pourquoi Bill Gates a laissé sa place à Ray Ozzie, le créateur de Lotus Notes... L'auteur de «The Information Facto-ries», publié dans la revue *Wired*, Georges Gilder, décrit ainsi ce que Google et Microsoft sont en train de réaliser : «L'ordinateur de bureau est bien mort. Bienvenue dans le "nuage Internet", où d'im-menses bâtiments, disséminés à travers la planète, serviront d'en-trepôts pour toutes les données que vous aurez à utiliser au cours de votre vie.»[54]

Bloguer et ainsi créer des carnets de vie personnels à léguer à ses enfants et des carnets de vie professionnels à laisser à son entre-prise à la retraite. Science-fiction ? Qui aurait dit, il y a cinq ans à peine, que le magazine *Times* «vous» nommerait personnalité de l'année 2007 ?

---

54. «The desktop is dead. Welcome to the "Internet cloud", where massive facilities across the globe will store all the data you'll ever use.»

WEBOGRAPHIE ET SUGGESTIONS DE LECTURE

Pour se définir :

Sérendipité : http://fr.wikipedia.org/wiki/serendipité

Citation d'Arthur C. Clark : http://www.quotationspage.com/quote/776.html

La plus ancienne trace de mon blogue sur Internet : http://web.archive.org/web/20001215055500/http://afroginthevalley.weblogs.com/

Quadriumvirate : http://www.bartleby.com/61/0/Q0010000.html

Cluetrain Manifesto : http://www.cluetrain.com/ et http://www.cluetrain.com/manifeste.html

Pourquoi votre entreprise doit avoir son carnet Web : http://agentsolo.com/ca/fr/membre/sylvaincarle/capsules/3.jsp

Doc Searls « CC : World » : http://doc.weblogs.com/2006/08/10#slurry WithFringe OnTop

Egosurfing sur Wikipedia (en anglais) : http://en.wikipedia.org/wiki/Egosurfing

Pour réseauter :

Biz Stone, *Who let the blogs out*, New York, St. Martin's Press, 2004.

Natalie Goldberg, *Writing down the bones,* Boston, Shambhala Publications, 1986.

10 raisons de bloguer : http://www.meidia.ca/doc/10raisonsdebloguer.pdf

Cluetrain Manifesto : http://www.cluetrain.com

Pour être vu :

Francis Pisani – C'est pas d'la télé, c'est pas du ciné, c'est du vlog : http://pisani. blog.lemonde.fr/2006/11/12/cest-pas-dla-tele-cest-pas-du-cine-cest-du-vlog/

Loic Le Meur – Hans Rosling lance le GapCast : http://www.loiclemeur.com france/ 2007/06/hans-rosling-la.html

Analyse de l'audience d'une vidéo en ligne : http://blog.sylvainweber.com/2007/ 05/28/avez-vous-deja-analyse-un-buzz

Fred Cavazza – Qu'est-ce que l'identité numérique : http://www.fredcavazza. net/2006/10/22/qu-est-ce-que-l-identite-numerique/

Écrans – Internet ne vous oubliera pas : http://www.ecrans.fr/Internet-ne-vous-oubliera-pas.html

Charlene Li – New ROI of blogging report from Forrester : http://blogs.forrester. com/charleneli/2007/01/new_roi_of_blog.html

Pour se souvenir :

Digital Natives, de Marc Prensky : http://www.marcprensky.com/writing/Prensky %20-%20Digital%20Natives,%20Digital%20Immigrants%20-%20Part1.pdf

MyLifeBits, de Gordon Bell : http://research.microsoft.com/barc/mediapresence/ MyLifeBits.aspx

Lost Knowledge, de David deLong : http://www.lostknowledge.com/

Mémoire d'entreprise, de Joanna Pomian : http://www.amazon.ca/M%C3% A9moire-dentreprise-Joanna-Pomian/dp/29117610066

Wirearchy, de Jon Husband : http://www.wirearchy.com/

The Information Factories, de Georges Gilder – revue *Wired* : http://www.wired. com/wired/archive/14.10/cloudware.html

Personnalité de l'année 2007 – *Time Magazine* : http://www.time.com/time/ magazine/article/0,9171,1569514,00.html

LeBlogueur.com : http://www.leblogueur.com/2007/01/05/2010-l%E2% 80%99
ere-des-lifelogs/

Toute seule avec... : http://www.arkandis.com/SylvieLeBars/blog/?p=31

Internetactu : http://www.internetactu.net/?p=6737

Nomura Research Institute : http://www.nri.co.jp/english/

Information Processing Technology Office : http://www.darpa.mil/ipto/

Defense Advanced Research Projects Agency : http://www.darpa.mil/

Webcom-Montréal : http://www.webcom-montreal.com/index.php

Pew Internet & American Life : http://www.pewinternet.org

Facebook : http://www.facebook.com/

Ziki : http://www.ziki.com/

LinkedIn : http://www.linkedin.com

Viadeo : http://www.viadeo.com/

Netvibes : http://www.netvibes.com/

Blogue professionnel : http://alainsavard.com/

LifeBlog, de Nokia : http://r2.nokia.com/nokia/0,,72563,00.html

PC1 Cable System : http://www.pc1.com/pc1_network.cfm

SIGMOD : http://acm.org/sigmod/eproceedings/sigmod05/index.html

Lotus Notes : http://en.wikipedia.org/wiki/Lotus_Notes

GLOSSAIRE

Note : Ce glossaire comprend des définitions des auteurs, de Wikipédia et d'autres dictionnaires.

ADRESSE URL (UNIFORM RESOURCE LOCATOR) : Syntaxe employée sur le Web pour spécifier la localisation physique d'un fichier ou d'une ressource se trouvant sur Internet ou dans un intranet.

AGENT INTELLIGENT : On appelle agent une entité physique ou virtuelle :
- qui est capable d'agir dans un environnement ;
- qui peut communiquer directement avec d'autres agents ;
- qui est mue par un ensemble de tendances (sous forme d'objectifs individuels ou d'une fonction de satisfaction, voire de survie, qu'elle cherche à optimiser) ;
- qui possède des ressources propres ;
- qui est capable de percevoir (mais de manière limitée) son environnement ;
- qui ne dispose que d'une représentation partielle de cet environnement (et éventuellement d'aucune) ;
- qui possède des compétences et offre des services ;
- qui peut éventuellement se reproduire ;
- dont le comportement tend à satisfaire ses objectifs, en tenant compte des ressources et des compétences dont elle dispose, et en fonction de sa perception, de ses représentations et des communications qu'elle reçoit.

ARBORESCENCE : Représentation organisationnelle selon une structure arborescente qui établit la stricte hiérarchie entre les divers composants d'un site intranet ou Internet, de façon que toute information, sauf la première, procède d'une seule autre, mais puisse en engendrer plusieurs.

ARCHITECTURE DE L'INFORMATION : L'art et la science de structurer, de cataloguer et d'indexer des sites Web ainsi que des intranets pour aider les utilisateurs à trouver et gérer l'information.

AUDIENCE : Appelée aussi visite. Mesure de l'utilisation d'un site ou d'une application Web. Plusieurs unités de mesure sont employées.

BALADO VIDÉO (VIDEOCAST) : Fichier balado dont le contenu est constitué d'un enregistrement vidéo.

BALADODIFFUSION (PODCASTING) : Le *podcasting*, ou baladodiffusion, est un moyen gratuit de diffusion de fichiers audio ou vidéo, que l'on nomme *podcasts* ou balados, sur Internet. Par l'entremise d'un abonnement aux flux RSS ou Atom, le *podcasting* permet aux utilisateurs d'automatiser le téléchargement d'émissions audio ou vidéo pour leur baladeur numérique ou leur ordinateur personnel en vue d'une écoute immédiate ou ultérieure.

BASE DE DONNÉES : Base documentaire dans laquelle les données sont organisées selon des critères précis en vue de leur exploitation. Sa conception facilite la gestion et la consultation du contenu.

BtoE OU B2E (BUSINESS TO EMPLOYEE) : Domaine du eBusiness qui a trait au déploiement à travers l'intranet d'applications d'information, de communication, de collaboration, de gestion des connaissances et d'intelligence collective orientées vers l'employé et la performance de l'organisation du travail.

BILLET : Court texte daté et signé, susceptible d'être commenté, qui est publié dans un blogue et dont le contenu, informatif ou intimiste, demeure à l'entière discrétion de son auteur. Un billet peut être accompagné d'images (dessin, photo, vidéo) ou de sons (paroles, musique), enrichi d'hyperliens, internes ou externes, et commenté par les lecteurs du blogue. Chaque billet d'un blogue dispose de sa propre adresse URL (son permalien).

BLOGUE (BLOG) : Un blogue (ou *Weblog*) est un site Web personnel (Internet ou intranet) composé essentiellement d'actualités, publiées «au fil de l'eau» et apparaissant selon un ordre antéchronologique (les plus récentes en haut de page), le plus souvent enrichies de liens externes. Le principe a été créé en décembre 1997 par Jorn Barger.

BLOGOLISTE (BLOGROLL) : Liste de liens hypertextes vers d'autres blogues, fréquentés et recommandés par l'auteur, qui est présentée en colonne, sous forme de menu latéral, dans la page d'accueil d'un blogue. La b logoliste constitue en quelque sorte une représentation des centres d'intérêt du blogueur et délimite souvent une sous-communauté de blogueurs amis ou partenaires.

BLOGOSPHÈRE : Désigne indifféremment un ensemble de blogs ou l'ensemble de ses rédacteurs. L'expression *la blogosphère* désigne ainsi l'ensemble de tous les blogs. C'est un sous-ensemble du World Wide Web. Le terme blogosphère peut être qualifié et on pourra parler de *la blogosphère francophone*, de *la blogosphère sportive*... On aussi utilise les termes blogobulle (synonyme ironique soulignant le caractère insulaire de la communauté), carnetosphère ou blogeoisie. Plusieurs sites recensent et analysent les tendances de la communauté : Technorati, BlogArea, Blogolist, Weblogues et Feedster.

BRAND CENTRIC : Publicité ou marketing traditionnel dont le propos est centré sur la marque.

CARNET DE VIE (*LifeLog*) : Un système qui capture, stocke et rend accessible tout le bagage et l'expérience de vie d'une personne ainsi que ses interactions avec le monde afin de nourrir des agents intelligents et autres potentialités du système. Le but est que le système puisse ensuite «suivre» la personne, tracer des «fils de vie» en termes d'événements, d'états d'esprit et d'interrelations humaines et «proposer» des changements et/ou améliorations.

CLAVARDAGE : Appelé aussi *chat*. Discussion par écrit, en temps réel, sur le réseau Internet ou dans un intranet.

CMS (CONTENT MANAGEMENT SYSTEM) OU SYSTÈME DE GESTION DE CONTENU (SGC) : Application de gestion des contenus de l'intranet, composée de deux couches applicatives. D'une part, l'interface d'accès au système, pour les utilisateurs habilités à créer des contenus. D'autre part, le système de *back-office*, qui structure les bases de données reliées à des outils de portail, à des fonctionnalités de recherche et de personnalisation.

CODE SOURCE LIBRE (*OPEN SOURCE*) : Code source que l'on rend disponible gratuitement pour qu'il puisse être modifié et redistribué, dans un contexte de développement communautaire. L'accès du code source à un plus grand nombre de programmeurs peut permettre une évolution de celui-ci.

COMMUNAUTÉ D'APPRENTISSAGE : Groupe d'individus qui œuvrent ensemble dans un temps déterminé pour réussir une tâche, comprendre un nouveau phénomène ou compléter une tâche collaborative. L'objectif d'une communauté d'apprentissage est d'augmenter le savoir collectif par l'implication de chaque participant au développement de son savoir individuel.

CONTENU : Concept permettant de mieux identifier l'ensemble des informations à l'intérieur d'un fureteur. Pour une approche marketing, il devient plus facile d'utiliser le terme contenu pour décrire l'information. En contrepartie, il est important d'établir la nature des contenus, soit structurée, semi-structurée et non structurée.

CONTENU GÉNÉRÉ PAR LES UTILISATEURS (CGU) : Le contenu généré par les utilisateurs, en anglais *User Generated Content*, se réfère à un ensemble de médias dont le contenu est principalement produit, ou directement influencé par les utilisateurs finaux. Il est opposé au contenu produit, vendu ou diffusé par les entreprises médiatiques traditionnelles.

COURRIEL : Appelé aussi *e-mail* ou encore courrier électronique. Système d'échange de courrier personnel entre boîtes aux lettres électroniques (BAL) à travers le réseau.

CRM (CLIENT RELATIONSHIP MANAGEMENT) OU GRC (GESTION DE LA RELATION CLIENT) : Méthodologie de gestion de la relation client. Processus informatisé de suivi de la clientèle dans le dessein de mutualiser des données, de fidéliser et d'élargir des parts de marché. Il existe de nombreux progiciels spécialisés.

CYBERESPACE : Terme inventé par le romancier William Gibson qui désigne l'ensemble des mondes virtuels constitués par les réseaux informatiques mondiaux.

CYBERPÉDAGOGIE : L'expérience d'apprendre par des outils virtuels et en évolution. Peut aussi être caractérisée par le vocable « éducation 2.0 ».

EBUSINESS (AFFAIRES ÉLECTRONIQUES) : Approche stratégique de la contribution des technologies numériques d'Internet et de l'intranet à la performance de l'entreprise en réseau. La démarche intègre les dimensions du BtoE ou B2E (relation avec les collaborateurs), le BtoC ou B2C (relation avec les clients), le BtoB ou B2B (relation avec les partenaires et les prestataires).

ÉGOSURF : Pratique consistant à surfer sur le Web à la recherche d'informations sur soi-même, sur son patronyme ou sur les liens pointant vers son site, en tapant son nom, son patronyme ou le nom de son site dans les moteurs de recherche.

ELEARNING : La définition de l'apprentissage en ligne (eLearning) donnée par l'Union européenne est : « le eLearning est l'utilisation des nouvelles technologies multimédias de l'Internet pour améliorer la qualité de l'apprentissage en facilitant d'une part l'accès à des ressources et à des services, d'autre part les échanges et la collaboration à distance ».

EMBED : Balise HTML qui permet d'insérer une visionneuse ou un lecteur de fichier vidéo sur son blogue par un simple copier-coller.

ENTREPÔT DE DONNÉES : Un entrepôt de données ou *data warehouse* est une structure qui accueille un flot important de données. Il est construit sur une architecture permettant d'extraire l'information, architecture bien différente de celle prévue pour l'informatique de production, basée, elle, sur des systèmes de gestion de bases de données relationnelles et des serveurs transactionnels. Un entrepôt de données est construit en l'alimentant au moyen des serveurs transactionnels de façon bien choisie et réfléchie pour permettre aux procédures d'extraction de connaissances de bien fonctionner. L'organisation logique des données est particulièrement conçue pour autoriser des recherches complexes. Le matériel est évidemment adapté à cette utilisation.

ENTREPRISE 2.0 : L'entreprise 2.0 est la mise en œuvre, dans l'intranet, d'un ensemble de moyens technologiques (blogues, wikis, réseaux sociaux, *tagging*, fils RSS) permettant l'éclosion de dynamiques portées par les individus dans le but d'adapter l'entreprise aux enjeux de l'économie de la connaissance et aux évolutions sociétales, sous contrainte de sa culture et de son contexte.

ePORTFOLIO : Le ePortfolio est une nouvelle génération de CV. Modulable, interactif, il permet de classer et de mettre à jour toutes ses connaissances et compétences, et de prouver ses réalisations professionnelles et sociales. Un outil appelé à révolutionner l'apprentissage et le monde du travail.

ERP (ENTERPRISE RESOURCE PLANNING) OU PGI (PROGICIEL DE GESTION INTÉGRÉ) : Progiciel de planification des ressources et de gestion des processus d'une entreprise.

EXTRANET : Solution technique de connexion à des applications intranet par le moyen d'Internet. Permet d'échanger et de travailler avec des clients, fournisseurs ou partenaires extérieurs au réseau propre de l'entreprise dans le concept « d'entreprise étendue ».

FOLKSONOMIE (PEUPLONOMIE) : Une folksonomie est un système de classification collaborative décentralisée spontanée. Le terme folksonomie est une adaptation française de l'anglais *folksonomy*, combinaison des mots *folk* (le peuple, les gens) et de *taxonomy* (la taxinomie). Le terme a été créé par l'architecte de l'information Thomas Vander Wal. Ce principe est notamment utilisé avec succès sur des services en ligne comme del.icio.us (partage de favoris) ou Flickr (partage de photos).

FORUM : Groupe de discussion qui permet un échange ouvert (professionnel ou grand public) sur un sujet donné, au moyen d'outils informatiques en réseau.

GBPS : Abréviation courante de « gigabit par seconde ». Unité de mesure du débit d'une liaison, valant un milliard de bits par seconde (à peu de choses près). Généralement synonyme de gigabit ethernet.

GED (GESTION ÉLECTRONIQUE DE DOCUMENTS), GEIDE OU GEID : Ensemble de techniques et d'outils informatisés de stockage de documents numériques, d'organisation de l'accès aux contenus (indexation, métadonnées), de suivi du cycle de vie des documents.

GÉORÉFÉRENCEMENT : Opération qui consiste à redresser la localisation relative des objets géographiques en les reportant dans un système de référence absolue. Lors du géoréférencement, la localisation est faite en coordonnées géographiques. Le caractère universel du système utilisé pour le géoréférencement permet d'établir des relations avec d'autres objets géographiques.

GOOGLER : Néologisme décrié par la société Google elle-même pour des raisons de propriété intellectuelle. Acte de rechercher une information sur une personne (ou simplement d'effectuer une recherche) à l'aide du moteur de recherche Google.

HTML (HYPERTEXT MARKUP LANGUAGE) : Langage de programmation standard de pages Web. Des commandes enfermées dans des marqueurs, ou balises (*tag*), à l'intérieur du texte, permettent de déterminer la présentation à l'écran.

HYPERLIEN : Un hyperlien ou lien hypertexte ou simplement lien, est une référence dans un système hypertexte permettant de passer automatiquement d'un document consulté à un document lié. Un hyperlien a une source (ou origine) et une destination (ou cible). L'activation de l'élément source d'un hyperlien permet de passer automatiquement à sa destination. La source d'un hyperlien est généralement un élément (mots, phrases, images) d'un document hypertexte. La destination peut être un autre élément du même document, il s'agit alors d'un hyperlien interne au document. La destination peut également être un autre document, voire un élément précis d'un autre document. Certains systèmes hypertextes ne garantissent pas que la destination existe : dans ce cas on risque de suivre des hyperliens dits brisés, cassés ou morts.

HYPERTEXTE : Terme inventé par Ted Nelson, en 1965, pour la modélisation des informations et de leur accès par le moyen de liens cliquables, dans un mode d'accès non linéaire aux connaissances. Le principal standard est le HTML.

IDENTITÉ NUMÉRIQUE : Les réseaux sociaux et les blogs ont provoqué la prolifération des données personnelles sur le Web. Désormais, chaque utilisateur dispose et doit gérer une véritable «identité numérique» constituée de ces contributions et des traces qu'il ou elle laisse sur les sites Web visités.

INDEXATION : Tâche effectuée par un individu ou par un moteur de recherche pour identifier les documents d'un intranet à partir de mots-clés pertinents.

INTERNET : Ensemble de techniques, d'outils et de normes (outils de navigation, applications multimédias) utilisés sur le *World Wide Web*.

INTRANET : Réseau fédérateur qui se sert d'une interface Web (navigateur) pour intégrer les contenus, les bases de données, les systèmes et la technologie pour permettre aux gestionnaires (*managers*) et aux employés d'accéder à l'ensemble complet d'information et d'outils dont ils ont besoin pour leur travail.

JPEG (JOINT PHOTOGRAPHIC EXPERTS GROUP) : Format utilisé pour compresser fortement des images fixes, au prix d'une certaine dégradation.

LOGICIEL RELATIONNEL (SOCIAL SOFTWARE) : Application de collaboration qui permet la constitution et la fédération de groupes de travail informels. Les membres collaborent et interagissent sur une même problématique.

MASHUP (APPLICATION COMPOSITE) : Une application qui combine du contenu provenant de plusieurs applications plus ou moins hétérogènes. Dans le cas d'un site Web, le principe d'un mashup est donc d'agréger du contenu provenant d'autres sites, afin de créer un site nouveau.

MARKETING VIRAL : Forme de publicité où le consommateur contribue à sa diffusion. Celui-ci se définit simplement comme une action menée par une entreprise afin de se faire connaître auprès d'un maximum d'internautes. Les consommateurs deviennent donc des vecteurs d'action de la marque. Ainsi, une telle communication a comme avantage principal de pouvoir toucher rapidement les personnes choisies, que ce soit par le réseau familial, personnel ou encore professionnel des premières cibles, et ce, à des coûts plus faibles que par la publicité classique. Contrairement au bouche-à-oreille, les effets réels du marketing viral sont ceux escomptés. C'est le consommateur qui crée l'engouement pour le produit.

MÉMOIRE D'ENTREPRISE : Le terme «mémoire d'entreprise» désigne l'ensemble des savoirs et savoir-faire en action, détenus par les employés d'une entreprise pour lui permettre d'atteindre ses objectifs (produire des biens ou des services). Le terme plus générique «mémoire d'organisation» indique que cette notion de mémoire peut s'appliquer à n'importe quel type d'organisation, qu'il s'agisse d'une entreprise, d'un service ou d'une unité au sein de l'entreprise, ou bien, à une échelle plus petite, d'un projet. Dans ce dernier cas, on parlera de «mémoire de projet».

MESSAGERIE INSTANTANÉE (INSTANT MESSAGING) : Messagerie synchrone qui permet de recevoir et d'envoyer instantanément des messages. La plupart des logiciels de messagerie instantanée offrent également des fonctions d'échange de fichiers et de communication par la voix.

MÉTADONNÉES : Éléments descriptifs d'un document (date, auteur, titre, mots-clés, source, etc.) ou d'un support bureautique (propriétés de Word) définis par le rédacteur ou une tierce personne, afin d'optimiser la gestion documentaire et l'efficacité des moteurs de recherche.

MODEM : (mot-valise de modulateur-démodulateur) Périphérique servant à communiquer avec des utilisateurs distants. Il permet par exemple d'échanger (envoi/réception) des fichiers, des fax, de se connecter à Internet, d'échanger des e-mails. Techniquement, l'appareil sert à convertir les données numériques de l'ordinateur en données analogiques transmissibles par une ligne de téléphone classique et réciproquement.

MOT-CLÉ (TAGGING) : Une balise sémantique ou lexicale, que l'on nomme étiquette ou mot-clé en français, utilisée sur les sites dits de réseaux sociaux Web 2.0.

MOTEUR DE RECHERCHE : Logiciel de requête dans le cadre d'une recherche d'information sur Internet ou dans un intranet. On le classe en moteur «plein texte», dont la recherche s'effectue à partir du texte lui-même, et moteur «indexé» ou «intégré», qui utilise des mots-clés pour une recherche plus efficace.

MPEG (MOTION PHOTOGRAPHIC EXPERTS GROUP) : Norme de compression de vidéo numérique.

NÉTÉTIQUETTE : Conventions de politesse sur les réseaux informatiques, l'étiquette étant un ensemble de règles de civilité et de protocoles. À respecter si vous ne voulez pas vous fâcher avec vos interlocuteurs.

ONTOLOGIE : Ensemble d'informations dans lequel sont définis les concepts utilisés dans un langage donné et qui décrit les relations logiques qu'ils entretiennent entre eux.

PAGERANK : Le *PageRank* (terme anglais signifiant «classement d'une page»), ou PR, désigne le système de classement des pages Web utilisé par le moteur de recherche Google pour attribuer l'ordre des liens dans les résultats de recherche. Le mot *PageRank* fait aussi référence à Larry Page, cofondateur de Google et inventeur de ce principe. Ce mot est une marque déposée.

PEER-TO-PEER : Le *peer-to-peer* (P2P) est un réseau d'échange et de partage de fichiers entre internautes. Le principe du *peer-to-peer* est de mettre directement en liaison un internaute avec un autre internaute qui possède un fichier convoité. Il existe deux méthodes pour accomplir cette tâche :
- La méthode centralisée est basée sur un ou plusieurs serveurs qui possèdent la liste des fichiers partagés et qui orientent les internautes vers l'internaute possédant le fichier convoité.
- La méthode décentralisée utilise chaque internaute comme un mini-serveur et ne possède aucun serveur fixe. Cette méthode a l'avantage de répartir les responsabilités et d'éviter les actions en justice.

PLUGICIEL (PLUG-IN) : Petit logiciel qu'on intègre au navigateur pour lui ajouter de nouvelles fonctions. Un exemple : le plugiciel QuickTime permet de lire des séquences vidéo.

POLLUBLOGUE : Un blogue dont la vocation est de diffuser des hyperliens qui favoriseront le positionnement dans les moteurs de recherche de sites Web appartenant à leurs auteurs ou à leurs affiliés. Les pollublogues sont donc des blogues bidon avec des textes incohérents et parfois volés à des sites légitimes.

PORTLET : Composant applicatif intégré à un portail d'entreprise, permettant à l'utilisateur de disposer, sur un même écran, d'un accès centralisé et convivial à différentes ressources tierces (données, applications, pages Web), de modifier l'interface du portail selon ses besoins et de personnaliser ainsi son environnement de travail. Ce concept, développé par IBM et Oracle, date du début de l'an 2000. Chaque éditeur de portail utilise son propre format pour la définition des portlets et son propre libellé pour les désigner : gadget ou nugget chez Plumtree, e-clip chez Hummingbird, iView chez SAP ou encore webpart chez Microsoft.

Pourriel (Spam) : L'encombrement délibéré d'un forum de discussion ou d'un compte de courrier électronique par l'envoi de messages non sollicités, comme les annonces à caractère publicitaire.

Progiciel : Logiciel d'application paramétrable, destiné à la réalisation de diverses tâches. AutoCAD est un exemple de progiciel de conception et de dessin assistés par ordinateur, parce qu'il est paramétrable selon les besoins spécifiques de ses utilisateurs (architectes, dessinateurs, ingénieurs, techniciens) et de ses domaines d'application (électricité, mode, usinage, conception de navires et d'avions).

Réseau social : Un réseau social (ou réseau humain) est un ensemble de relations entre des individus. L'analyse des réseaux sociaux (parfois appelée théorie des réseaux) est l'approche scientifique en sciences sociales pour étudier les réseaux sociaux. Les réseaux sociaux sont aussi simplement considérés comme étant la mise en relation de gens pour des fins amicales ou professionnelles.

Réseauter : Tisser et entretenir un réseau de relations qui pourraient éventuellement être utiles sur le plan professionnel, notamment dans une démarche de recherche d'emploi. Le néologisme *réseautage*, tout comme le verbe *réseauter* qui en dérive, déjà bien implantés au Québec, gagneraient à être substitués au terme anglais *networking* de plus en plus attesté en France.

RSS : Un fil (ou flux) RSS (pour *Really Simple Syndication*) est un format de syndication de contenu Web, codé en XML, qui regroupe tous les articles d'une même catégorie. Cela permet à l'internaute de gagner du temps et au site de fidéliser ses visiteurs. Un flux RSS offre la possibilité aux lecteurs d'avoir accès en temps réel à la mise à jour de leur contenu sans pour autant que ceux-ci aient besoin de revenir d'eux-mêmes vérifier si le contenu du site a bougé.

Script : Série d'instructions informatiques servant à accomplir une tâche particulière.

Serveur : Ordinateur qui propose des services (documents, applications) à un client (ordinateur de l'utilisateur). Dans l'architecture client/serveur, le serveur reçoit les requêtes, effectue les traitements et fournit le service, par opposition au client qui adresse les requêtes et consulte les résultats.

Services Web : Technologie permettant à des applications de dialoguer à distance au moyen d'Internet, indépendamment des plateformes et des langages sur lesquels elles reposent. Les services Web s'appuient sur un ensemble de protocoles standardisant les modes d'invocation mutuels de composants applicatifs. La technologie des Services Web est aujourd'hui de plus en plus incontournable et se présente comme le nouveau paradigme des architectures logicielles. Cette technologie englobe de nombreux concepts et tend à s'imposer comme le nouveau standard en terme d'intégration et d'échanges B2B.

Social Bookmarking : L'expression *Social Bookmarking* désigne la pratique d'enregistrer ses favoris (*bookmarks*) sur un site Web public et de leur assigner des mots-clés (*tag*). Les *bookmarks* peuvent être privés ou partagés (accessibles à tous), de là le terme «social».

Splogue (Splog) : «Splog» est une contraction des mots «spam» et «blog». Il n'y a pas pour l'instant d'équivalent français. C'est essentiellement un blogue dont la vocation est de diffuser des hyperliens qui favoriseront le positionnement dans les moteurs de recherche de sites Web appartenant à leurs auteurs ou à leurs affiliés. Le but de cette arnaque est d'augmenter le *Page Rank* des sites en question.

SURFER : Explorer le Web à la recherche d'information en se déplaçant de façon non linéaire dans le cyberespace.

VIDÉOBLOGUE (VLOG) : Un vidéoblogue (*video blog, vlog*, en anglais), est un type de blogue utilisé essentiellement pour diffuser des vidéos pouvant être commentées ou non par ses visiteurs. Les expressions *podcast* vidéo, balado vidéo, *videocast* et *vodcast* sont également utilisées.

WEB : Ensemble de techniques qui permettent l'accès d'un large public à des documents conviviaux accessibles sur un réseau, de manière indépendante des matériels et logiciels utilisés.

WEB 2.0 : Web 2.0 est un terme souvent utilisé pour désigner ce qui est perçu comme une transition importante du *World Wide Web*, passant d'une collection de sites Web à une plateforme informatique à part entière, fournissant des applications Web aux utilisateurs. Les défenseurs de ce point de vue soutiennent que les services du Web 2.0 remplaceront progressivement les applications de bureau traditionnelles. Plus qu'une technologie, c'est en fait un concept de mise en commun d'informations.

WEB TV : On désigne généralement par *Web TV* tout site Internet dont les contenus sont à dominante vidéo. La *Web TV* permet aux internautes de regarder une chaîne de télévision en ligne, de la même manière que les Webradios permettent d'écouter des émissions. Une *Web TV* utilise la technologie du *streaming* pour diffuser ses contenus. Les clients appellent un flux vidéo qu'ils regardent à partir de leur navigateur ou d'un lecteur multimédia.

WIKI : Site Web dynamique dont tout visiteur peut modifier les pages à volonté. Il permet non seulement de communiquer et de diffuser des informations rapidement (ce que faisait déjà Usenet), mais aussi de structurer cette information pour permettre d'y naviguer commodément. Il réalise donc une synthèse des forums Usenet, des FAQ et du Web en une seule application intégrée (et hypertexte).

XML (EXTENSIBLE MARKUP LANGUAGE OU LANGAGE EXTENSIBLE DE BALISAGE) : Langage destiné à succéder au HTML sur le *World Wide Web*. Le XML permet une meilleure structuration de l'information que le HTML.

LISTE DES ENCADRÉS

Cet ouvrage, composé en Scala,
a été achevé d'imprimer le 6 novembre 2007
sur les presses de Imprimerie Gauvin,
à Gatineau, Québec,
pour le compte de Isabelle Quentin éditeur